Heide Steigenberger

365 x vegane und vegetarische Blitzküche

kneipp verlag
WIEN

Bildnachweis:

dreamstime.com/Olha Afanasieva: Coverbild
Kneipp-Verlag/Peter Barci: S. 21, 46, 73, 83, 86, 119, 135,
139, 169, 217, 226, 239
dreamstime.com: S. 4, 11, 19, 26, 29, 35, 43, 59, 66,
79, 91, 123, 126, 131, 146, 159, 177, 203, 209, 225,
Umschlagrückseite 1., 2., 3. v. l.
fotolia.de: S. 2/3, 31, 37, 41, 63, 77, 99, 103, 143, 155,
163, 199, 221, 226, 231, Illustration Cover (Besteck),
Umschlagrückseite 4., 5. v. l.
iStockphoto.com: S. 4, 15, 51, 55, 71, 95, 106, 111,
115, 151, 166, 173, 181, 185, 186, 191, 195, 206, 213,
235, 243
Autorenfoto beigestellt

Impressum:

Autorin: Mag. Dr. Heide Steigenberger
Lektorat: Mag. Waltraud Wetzlmair-Zechner
Cover und Umschlaggestaltung: Oskar Kubinecz
Grafische Gestaltung: Beatrix Kutschera
Technische Betreuung: Johann Kutschera
Druck: Theiss GmbH, A-9431 St. Stefan
Copyright: Kneipp-Verlag GmbH und Co KG,
Lobkowitzplatz 1, A-1010 Wien
www.kneippverlag.com
www.facebook.com/KneippVerlagWien

ISBN 978-3-7088-0633-4

1. Auflage, September 2014

Jänner   7   JÄNNER

Februar   27   FEBRUAR

März   47   MÄRZ

April   67   APRIL

Mai   87   MAI

Juni   107   JUNI

Juli   127   JULI

August   147   AUGUST

September   167   SEPTEMBER

Oktober   187   OKTOBER

November   207   NOVEMBER

Dezember   227   DEZEMBER

Anhang   246

Einleitung

Vegetarische und vegane Ernährung bedeutet, fleischlos zu essen: köstliche Suppen, pfiffige Salate, frische Gemüsecurrys, wohlschmeckende Kartoffel- und Pastagerichte, diverse Quiche-Speisen, erfrischende Obsttorten bis hin zu Eis- und Schokogenüssen. Die Palette ist riesig – auch ohne Fleisch kann sehr leicht Köstliches gezaubert werden.

Das für den Körper wichtige Eiweiß wird bei Vegetariern durch Eier, Milch, Topfen (Quark) und Käse gedeckt, die Veganer decken das Eiweiß auf pflanzliche Art. Dafür stehen insbesondere Hülsenfrüchte und Sojabohnen zur Verfügung.

Auch die internationale Küche kennt viele fleischlose Rezepte: vom Schweizer Käsefondue bis zum französischen Crêpe, von der italienischen Minestrone bis zum englischen Apple-Crumble. Käseliebhaber greifen neben Käse aus Kuhmilch auch zu Schafs- und Ziegenkäse, der zypriotische Halloumi eignet sich besonders zum Grillen.

Smoothies sind die neue Kraftquelle, Desserts mit frischen Früchten sind nicht nur ein Gaumengenuss, sondern auch eine Vitaminbombe für den Organismus.

Guten Appetit und viel Freude beim Nachkochen wünscht Ihnen
Heide Steigenberger

 Diese Kennzeichnung bedeutet, dass die Grundzutaten grundsätzlich vegan sind. Bei allen verarbeiteten Produkten wie Teigwaren, Brot und Gebäck, pflanzliche Margarine, Wein, Sekt, Senf, Suppenwürze, Essig etc. muss beim Einkauf auf vegane Qualität geachtet werden, da diese Produkte nicht zwangsläufig vegan sind.

Jänner

Der Tipp für den Monat Jänner

Gönnen Sie Ihrem Körper gleich zu Beginn des Jahres einen sanften Entschlackungstag mit Reis: Reis liefert viel Kalzium und sorgt dafür, dass Wasseransammlungen und Giftstoffe aus dem Organismus geschwemmt werden können.

Kochen Sie am Morgen 150 g Naturreis pro Person, den Sie in 3 Portionen für Frühstück, Mittagessen und Abendessen aufteilen. Wahlweise essen Sie Gemüse oder gedünstete Äpfel dazu.

1. JÄNNER

Quesadillas – gebratene Käsetortillas

Zutaten für 4 Personen

4 große Maismehltortillas
2 EL Olivenöl
Etwas Wasser
300 g gemischtes
(Tiefkühl-)Gemüse
100 g mittelalter Gouda
oder ein anderer Käse
50 g Schafskäse

Den Backofen auf 180 Grad vorheizen.
Die Tortillas auf mit Backpapier belegte Backbleche legen, etwas Käse darüberstreuen. In einer Pfanne das Gemüse mit Olivenöl anbraten und einige Minuten mit etwas Wasser dünsten. Das abgetropfte Gemüse auf die Tortillas legen, Schafskäse darüberstreuen und mit geriebenem Gouda vollenden.
Im Backofen 10 bis 15 Minuten bei 180 Grad überbacken.

Kirsch-Nuss-Torte mit Eierlikör

Zutaten für 1 Torte

Für den Teig:
2 Eier
2 EL Wasser
70 g Rohrzucker
50 g Dinkelmehl
1 TL Weinsteinbackpulver
75 g gemahlene Haselnüsse
oder Mandeln

Für den Belag:
1 Glas eingelegte
Kirschen, 600 – 700 ml
250 ml Eierlikör
300 ml Schlagsahne
30 g Staubzucker
(Puderzucker)
1 EL Agar-Agar

Für die Dekoration:
300 ml Sahne
2 EL Mandelblättchen
Etwas Staubzucker
(Puderzucker)

Den Backofen auf 180 Grad vorheizen.
Für den Teig Eier trennen. Eiweiß mit Wasser steif schlagen, dabei Zucker einrieseln lassen. Eigelb unterheben. Mehl, Backpulver, Nüsse bzw. Mandeln zugeben und vorsichtig umrühren. Den Teig in eine befettete Tortenform (24 cm Durchmesser) füllen und ca. 20 Minuten bei 180 Grad backen. Tortenboden erkalten lassen, mit einem Tortenring umschließen. Für den Belag Kirschen abtropfen, dabei den Saft auffangen. In etwas Kirschsaft Agar-Agar glatt rühren, erwärmen, bis die Flüssigkeit eindickt. Von der Herdplatte nehmen und Eierlikör zugeben. Sahne mit Zucker steif schlagen und unter den Likör heben. Kirschen auf dem Tortenboden verteilen und die Sahne-Likör-Masse darüber verteilen. Die Torte ca. 5 Stunden kalt stellen. Für die Dekoration Sahne steif schlagen und mit Staubzucker (Puderzucker) süßen. Die Torte mit Sahnetuffs und Mandelblättchen garnieren.

Brokkoli mit Senf-Kapern-Soße. VEGAN

Zutaten für 4 Portionen

400 – 500 g Tiefkühl-Brokkoli
75 g pflanzliche Margarine
2 TL Dijon-Senf
Saft von 1/2 Bio-Zitrone
2 EL Kapern

In einem Topf reichlich Salzwasser zum Kochen bringen. Brokkoli im Kochwasser bissfest kochen, herausheben, abtropfen lassen.
Für die Soße die Margarine mit Senf und Zitronensaft in einem Topf bei mittlerer Hitze warm werden lassen, mit einem Schneebesen verrühren, die Kapern zugeben. Die cremige Soße über den gegarten Brokkoli gießen und servieren.

4. JÄNNER

Kartoffel-Bratlinge mit Wirsing

Zutaten für 4 Portionen

800 g Kartoffeln
400 g Wirsing
1 Bund Petersilie
1 Zwiebel
2 Knoblauchzehen
2 Eier
2 – 3 EL Rapsöl
3 EL Maismehl
Pfeffer
Etwas gemahlener Muskat
4 EL Apfelessig
1 Prise Salz

Kartoffeln waschen, in Salzwasser bissfest kochen.
Wirsing waschen, putzen, Strunk entfernen, in Streifen schneiden und in Salzwasser ca. 3 Minuten blanchieren, abtropfen lassen. Kartoffeln abgießen, schälen und zerdrücken, Wirsingstreifen dazumischen, gehackte Petersilie, gehackte Zwiebel, Knoblauch, Mehl und Essig zugeben. Würzen und alles gut vermengen. Zuletzt Eier unterrühren. Aus der Masse mit feuchten Händen Bratlinge formen und diese im heißen Rapsöl auf beiden Seiten goldgelb braten.

Dazu passt hervorragend eine **Schnittlauchsoße.**
Dafür 250 ml Naturjoghurt mit 80 ml Sauerrahm (saure Sahne) glatt rühren, 1 EL Senf und 2 EL Schnittlauchröllchen unterrühren.

VEGAN-Tipp: Ersetzen Sie die 2 Eier durch 2 bis 3 EL Stärkemehl (z. B. Kartoffel- oder Maismehl), das Sie mit 1 EL Wasser verrühren und unter die Bratlingmasse heben.

5. JÄNNER

Reisauflauf

Zutaten für 4 Portionen

1 l Milch
100 g Butter
1 Prise Salz
200 g Rundkornreis
4 Eier
85 g Rohrzucker
1 TL Bourbon-Vanillezucker
2 – 3 Äpfel
Zimt

Den Backofen auf 180 Grad vorheizen.
Milch mit 20 g Butter aufkochen, salzen und den Reis weich kochen. Reis zur Seite stellen und überkühlen lassen. Eier trennen und Eiweiß zu Schnee schlagen. 80 g Butter, Eigelb und Zucker cremig rühren, den Reis mit dieser Mischung vermengen und den Eischnee unterheben.
Äpfel schälen und in Scheiben schneiden.
Die Hälfte der Masse in eine mit Backpapier ausgekleidete Auflaufform füllen, Äpfel darauflegen, mit Zimt bestreuen und die restliche Masse darauf verteilen. Im vorgeheizten Backofen bei 180 Grad ca. 40 Minuten backen.

Tipp: Sie können auch anderes Obst, je nach Saison, verwenden.

Schoko-Brownies ohne Mehl

Zutaten für ca. 16 Stück

225 g Bitterschokolade,
mind. 70 % Kakaoanteil
225 g Butter
20 g Bourbon-Vanillezucker
180 g Rohrzucker
3 Eier
150 g gemahlene Mandeln
100 g gehackte Mandeln

Den Backofen auf 160 Grad vorheizen.
Die Schokolade bei schwacher Hitze mit der Butter in einem Topf zerlassen, Topf vom Herd nehmen. Zucker und Vanillezucker einrühren und die Masse etwas abkühlen lassen.
Eier verquirlen, mit den Mandeln verrühren und die Schokomasse unterrühren. Die Masse in eine befettete Auflaufform (quadratische Form, 24 x 24 cm) füllen. Den Teig ca. 25 bis 30 Minuten bei 160 Grad backen, bis die Oberfläche fest, das Innere aber noch feucht ist.
Etwas abkühlen lassen. Dreimal längs und dreimal quer in 16 Quadrate schneiden.

Tipp: Heiße Schoko-Soße
75 g Bitterschokolade, mind. 70 % Kakaoanteil
125 g Schlagobers (Schlagsahne)
2 TL Instant-Espressopulver, in 2 EL Wasser auflösen
1 EL feiner Rohrzucker
Schokolade in Stücke brechen und zusammen mit den restlichen Zutaten in einen Topf geben und bei schwacher Hitze alles unter Rühren verschmelzen. Die Soße gut verrühren und zum Servieren in einen Krug füllen.

Bandnudeln mit Gorgonzola-Soße

Zutaten für 4 Portionen

400 g Bandnudeln
150 g Gorgonzola
250 ml Schlagsahne
Salz, Pfeffer
1 Prise Zucker
1 Bund gehackte Petersilie
4 – 5 Kirschtomaten
50 g Parmesan

Bandnudeln bissfest kochen.
Die Rinde des Gorgonzolas entfernen, den Käse würfeln und die Würfel bei schwacher Hitze in einem Topf schmelzen lassen. Sahne einrühren, mit Salz, Pfeffer und Zucker würzen und ca. 3 bis 5 Minuten unter Rühren einkochen. Bandnudeln mit der Soße anrichten die halbierten Kirschtomaten unterheben und mit Parmesan bestreut servieren.

8. JÄNNER

Milchkuchen

Zutaten für 1 Kuchen

2 Eier
200 g Rohrzucker
1/2 Pkg. Bourbon-
Vanillezucker
125 ml Milch
80 g Rapsöl
200 g Mehl
1/2 Pkg. Weinsteinbackpulver

Den Backofen auf 180 Grad vorheizen.
Eier, Zucker und Vanillezucker schaumig rühren, Milch und Öl beigeben und das Mehl mit dem Backpulver unter langsamem Rühren einrieseln lassen. Die Masse in eine befettete Kuchenform (Kranzform oder Kasten-form) füllen und ca. 30 bis 40 Minuten bei 180 Grad backen.

9. JÄNNER

Schokomousse-Törtchen

Zutaten für 10 bis 12 Törtchen

Für den Biskuitteig:
4 Eigelb
4 EL Rohrzucker
1 Prise Salz
10 g Bourbon-Vanillezucker
4 Eiweiß
50 g Kristallzucker
80 g Dinkelmehl
2 EL Rapsöl

Für die Mousse:
250 g fein gehackte
Bitterschokolade
1 Ei
1 Eigelb
1 EL Kristallzucker
2 EL Rum
500 ml ganz leicht
geschlagene Schlagsahne

Den Backofen auf 180 Grad vorheizen.
Für den Biskuitteig Eigelb, Zucker, Salz und Vanillezucker cremig schlagen. Eiweiß mit Zucker zu steifem Schnee schlagen und unter die Eigelbmasse heben, Mehl und Rapsöl vorsichtig unterziehen. Die Masse auf ein mit Backpapier belegtes Backblech streichen und im vorgeheizten Backofen bei 180 Grad 8 bis 10 Minuten backen. Auskühlen lassen und in Scheiben mit ca. 7 cm Durchmesser schneiden.
Für die Mousse Schokolade über Dampf langsam schmelzen, etwas abkühlen lassen. Zur Seite stellen. Ebonfalls über Dampf das Ei, das Eigelb und den Zucker dickcremig schlagen und warm aufschlagen (70 Grad). Vom Dampf wegnehmen, Rum und geschmolzene Schokolade unter-rühren, die Schlagsahne unterziehen, ca. 3 Stunden kalt stellen.
Die Mousse in einen Dressiersack füllen und abwechselnd mit den Biskuitscheiben zu Törtchen schichten. Jeweils 3 Biskuitscheiben für ein Törtchen verwenden.

10. JÄNNER

Quiche Lorraine

Zutaten für 4 Portionen

Für den Mürbteig:
175 g Dinkelmehl
75 g pflanzliche Margarine
1/2 TL Salz
1 Prise Zucker

Für den Belag:
200 g Naturtofu
200 g Räuchertofu
100 g Sojajoghurt
2 – 3 Zwiebeln
2 – 3 EL Olivenöl
2 EL Dinkelmehl
Salz
Pfeffer
1 TL klein gehackte
Tiefkühl-Petersilie
1 Msp. geriebener Muskat,
Rosmarin, Kurkuma
50 g veganer Käse,
nach Belieben

Den Backofen auf 180 Grad vorheizen.
Die Mürbteigzutaten mit der Küchenmaschine zu einem Teig
kneten, auf einer bemehlten Arbeitsfläche ausrollen und die Größe der
Backform (Quicheform, ca. 20 cm Durchmesser) daraus ausschneiden.
(**Tipp:** Form auf den Teig stellen und mit dem Messer rundherum
schneiden.) Den ausgeschnittenen Teig in die befettete Form legen.
Aus dem restlichen Teig den Rand formen und an die Quicheform
drücken. Für den Belag Naturtofu mit 100 g Räuchertofu und Joghurt
mixen. Restlichen Räuchertofu klein würfelig schneiden und zusammen
mit den klein gehackten Zwiebeln in Olivenöl anbraten, beiseitestellen
und etwas abkühlen lassen. Über die Tofufüllung das Mehl streuen, mit
Kräutern und Gewürzen abschmecken, die Zwiebelmischung unterheben.
Die Fülle auf den Mürbteigboden streichen und optional den Käse
darüberstreuen. Die Quiche im vorgeheizten Backofen bei 180 Grad
30 bis 40 Minuten backen.

11. JÄNNER

Polentaknödel

Zutaten für 4 Personen

500 g Magertopfen (Quark)
130 g Polenta (Maisgrieß)
50 g Rapsöl
1 Ei
Salz
Muskatnuss
Pfeffer

Die Zutaten gut miteinander verrühren und die Masse 1 Stunde kalt
stellen. Mit nassen Händen aus dem Teig Knödel formen und in
Salzwasser bei geringer Hitze ca. 10 Minuten leicht kochen lassen.

Tipp: Die Masse am besten schon am Vortag am Abend zubereiten
und im Kühlschrank rasten lassen.

Frittata mit Karotten

Zutaten für 4 Portionen

400 g Karotten
3 Zwiebeln
1 Knoblauchzehe
1 EL Rosmarinnadeln
oder -pulver
4 Eier
3 EL pflanzliche Sahne
Salz
Pfeffer
2 EL geriebener Parmesan
2 EL Rapsöl

Karotten und Zwiebeln schälen und reiben, Knoblauch schälen und zerdrücken. Gemüse in einer Schüssel gut durchmischen, gehackte Rosmarinnadeln bzw. -pulver dazugeben. In einer Schüssel die Eier mit Sahne, Salz und Pfeffer verrühren und zum Gemüse geben. Rapsöl in einer Pfanne erhitzen, aus dem Gemüseteig runde Fladen formen und diese im heißen Öl rundum goldgelb braten.
Aus der Pfanne heben und auf Küchenkrepp abtropfen lassen.
Sofort servieren.

Tipp: Gut passt zu diesem Gericht ein **Kräuterdip:** Verrühren Sie dazu Sojajoghurt mit verschiedenen klein gehackten (Tiefkühl-)Kräutern.

Aufstrichvariationen

Zutaten

Aufstrichbasis:
250 g Topfen (Quark)
125 g Sauerrahm
(saure Sahne)
125 g Naturjoghurt
1 EL Senf
1 TL Mayonnaise
Salz
Pfeffer

Alle Zutaten fein mixen und mit Salz und Pfeffer abschmecken.

Variation Eiaufstrich: Aufstrichbasis mit 4 hart gekochten, klein geschnittenen Eiern mischen, gehackte Petersilie zugeben, fein mixen.

Variation Kürbiskernaufstrich: Aufstrichbasis mit Ricotta und 2 EL Kürbiskernöl gut vermengen.

14. JÄNNER

Palatschinken

Zutaten für 4 Portionen

300 g Dinkelmehl
720 ml Milch
4 Eier
Salz
Rapsöl zum Ausbacken
Marillenmarmelade
(Aprikosenkonfitüre)

Alle Zutaten zu einem geschmeidigen Teig verrühren und ca. 20 Minuten bei Zimmertemperatur rasten lassen.

In einer Pfanne Rapsöl erhitzen, das heiße Öl in eine Tasse ausgießen, mit einem Schöpflöffel Teig in die heiße Pfanne geben und gleichmäßig durch Schwenken der Pfanne verteilen. Backen, bis die Oberfläche trocken ist, und wenden. Kurz backen lassen, herausheben und auf einem warmen Teller warm stellen. Wieder Öl in die Pfanne gießen, durch Schwenken verteilen und wieder ausgießen, Teig wie oben beschrieben backen. Die fertigen Palatschinken (Pfannkuchen) mit Marillenmarmelade (Aprikosenkonfitüre) oder Topfen-Joghurt-Creme füllen.

Für die **Topfen-Joghurt-Creme** 250 g Magertopfen (Quark) und 250 g Vanillejoghurt zu einer geschmeidigen Masse verrühren.

15. JÄNNER

Buntes Risotto mit schwarzen Oliven VEGAN

Zutaten für 4 Portionen

1 kleine rote Zwiebel
250 g gewürfelter
Hokkaido-Kürbis
2 EL Olivenöl
200 g Risottoreis
600 ml heiße Gemüsebrühe
Salz
Pfeffer
2 – 3 EL Tiefkühl-Erbsen
6 schwarze, entkernte und
halbierte Oliven
5 EL passierte Tomaten,
aus dem Glas

Zwiebel und Kürbis in Olivenöl anbraten, Reis untermischen und unter ständigem Rühren erhitzen, etwas Suppe zugießen, rühren, bis die Flüssigkeit verkocht ist, und wieder Suppe zugeben. Weiter so verfahren, bis der Reis weich ist (dauert ca. 15 bis 20 Minuten).
10 Minuten vor Ende der Garzeit die Erbsen und Oliven zugeben. Passierte Tomaten erhitzen und das auf Tellern angerichtete Gemüserisotto mit dem Tomatensaft beträufeln.

16. JÄNNER

Kartoffel-Reis-Kroketten VEGAN

Zutaten für 15 Stück

150 g mehlige Kartoffeln
10 g Rapsöl
75 g Reismehl
50 g Wasser
Salz

Den Backofen auf 180 Grad vorheizen.
Kartoffeln kochen und zerstampfen oder durch die Kartoffelpresse drücken, mit den anderen Zutaten gut verrühren und mithilfe eines Dressiersacks auf ein mit Backpapier belegtes Backblech Kroketten spritzen. Im vorgeheizten Backofen bei 180 Grad 10 bis 15 Minuten backen.

17. JÄNNER

Linsenbraten

Zutaten für 4 Portionen

500 g Brotwürfel
250 ml Sojamilch
1 Zwiebel
1 EL Olivenöl
2 Knoblauchzehen
300 ml Wasser
250 g Linsen – je nach
Belieben rote oder gelbe
Majoran
Pfefferkörner
Lorbeerblatt
1 Prise Salz

Den Backofen auf 200 Grad vorheizen.
Brotwürfel mit Sojamilch übergießen, umrühren, stehen lassen.
Zwiebel hacken und in Olivenöl rösten, Knoblauchzehen durch die Knoblauchpresse drücken und zugeben, mit ca. 300 ml Wasser ablöschen, aufkochen und Linsen zugeben. Majoran, Pfefferkörner und Lorbeerblatt zugeben. Kurz aufkochen, zudecken, Herdplatte abschalten und auf der heißen Platte ca. 20 Minuten fertig garen. Lorbeerblatt entfernen.
Die ausgedrückten Brotwürfel unter die Linsen rühren, salzen.
Die Masse in eine befettete Auflaufform füllen und bei 200 Grad ca. 50 bis 60 Minuten backen.

18. JÄNNER

Tiramisu

Zutaten für 4 Portionen

2 Eigelb
2 EL Kristallzucker
350 g Mascarpone
2 EL Amaretto
100 g Biskotten
(Löffelbiskuits)
50 ml kalter Espresso
2 – 3 EL Kakaopulver

Eigelb und Zucker schaumig rühren, Mascarpone löffelweise unterheben, mit Amaretto abschmecken, dabei ununterbrochen weiterrühren.
Den Boden einer flachen Auflaufform mit der Hälfte der Biskotten (Löffelbiskuits) auslegen, diese mit Espresso beträufeln und die Hälfte der Creme darauf verstreichen. Eine weitere Lage von Biskotten (Löffelbiskuits) auslegen, wieder mit Espresso beträufeln und mit der Creme abschließen. Das Tiramisu zugedeckt für mindestens 4 Stunden in den Kühlschrank stellen. Vor dem Servieren wird das Dessert mit dem Kakaopulver durch ein Sieb bestreut.

Gebratene Polentataler VEGAN

Zutaten für 4 Portionen

500 ml Wasser
Suppenwürze
130 g Polenta (Maisgrieß)
3 EL zerbröckelter
Räuchertofu
Rapsöl zum Ausbacken

Wasser aufkochen, Suppenwürze hinzufügen und die Polenta (Maisgrieß) einrühren. Unter ständigem Rühren 3 Minuten kochen, dann den Räuchertofu einrühren.

Die Masse abkühlen lassen, mit befeuchteten Händen Taler formen und in heißem Rapsöl auf beiden Seiten goldgelb backen.

Diese Taler passen hervorragend zu Gemüsegerichten oder zu Kartoffelgulasch.

Tipp: In die Masse können je nach Belieben – und je nach Saison – zusätzlich eingerührt werden: 3 EL gehackte, geröstete Pilze (Champignons) oder 2 EL gemischte, gehackte Kräuter (Petersilie, Schnittlauch, Basilikum).

Kartoffelpüree mit gebratenen Pilzen VEGAN

Zutaten für 4 Portionen

500 g mehlige Kartoffeln
2 EL Rapsöl
1 EL Suppenwürze
1 TL Salz
Sojamilch oder pflanzliche
Sahne
250 g Champignons
2 Zwiebeln
2 EL Olivenöl
Gemischte (Tiefkühl-)Kräuter
nach Belieben

Kartoffeln schälen, in größere Stücke schneiden und in kochendem Salzwasser weich kochen. Beim Abgießen das Wasser auffangen.

Die dampfenden Kartoffeln zerdrücken oder mit einem Pürierstab pürieren, Rapsöl einrühren, Suppenwürze und Salz zugeben und mit Sahne oder Sojamilch cremig rühren

Champignons in Scheiben schneiden. Zwiebeln klein hacken.

In einer Pfanne Olivenöl erhitzen, Zwiebeln anschwitzen, Champignons zugeben, verrührenund nach Belieben mit (Tiefkühl-)Kräutern abschmecken. Mit dem Püree servieren.

21. JÄNNER

Prinzregenten-Torte

Zutaten für 1 Torte

Für den Teig:
4 Eier
250 g Butter
250 g Rohrzucker
200 g Dinkelmehl
50 g Speisestärke
1 TL Weinsteinbackpulver

Für die Creme:
125 ml Milch
100 g Zartbitterschokolade
250 g Butter
150 g Staubzucker (Puderzucker)
125 g Schokoladenglasur

Den Backofen auf 180 Grad vorheizen.
Für den Teig Eier trennen, das Eiweiß steif schlagen. Butter mit Zucker schaumig schlagen, Eigelb zugeben, zuletzt den Eischnee zusammen mit dem Mehl, dem Backpulver und der Speisestärke unterheben.
Aus dem Teig 4 Böden backen: Eine Springform (24 cm Durchmesser) mit Backpapier belegen und auf der mittleren Schiene des Backofens bei 180 Grad für 8 Minuten backen, herausnehmen und diesen Vorgang noch 3 Mal wiederholen.
Für die Creme Milch erwärmen, Schokolade darin schmelzen, vom Herd nehmen und unter Rühren erkalten lassen. Die restliche Butter schaumig rühren und mit Staubzucker (Puderzucker) und der Schokoladenmilch glatt rühren. Drei Teigböden mit der Creme bestreichen und zu einer Torte zusammensetzen. Den letzten Boden obenaufsetzen und die Torte mit der Schokoladenglasur rundum einstreichen.

22. JÄNNER

Apfel-Curry-Dip VEGAN

Zutaten für 4 Personen

3 Äpfel
Saft von 1/2 Bio-Zitrone
100 g Sojajoghurt
150 ml Apfelsaft
Salz
Pfeffer
1 gestrichener TL Currypulver

Äpfel schälen, entkernen und in kleine Stücke schneiden, mit Zitronensaft beträufeln und in einem hohen Gefäß zusammen mit dem Joghurt und dem Apfelsaft pürieren. Mit Salz, Pfeffer und Currypulver würzen.
Reichen Sie dazu Baguettescheiben, knusprige Grissini oder andere Salzstangen.

23. JÄNNER

Kaiserschmarren

Zutaten für 4 Portionen

400 g Dinkelmehl
4 Eier
350 ml Milch
Rapsöl zum Backen
Staubzucker (Puderzucker)
zum Bestreuen

Die Zutaten zu einem zähflüssigen Teig verrühren, eventuell mehr Milch zugeben. In einer Pfanne das Öl erhitzen, den Teig eingießen und auf kleiner Flamme goldbraun backen. Wenden, mit zwei Gabeln in kleine Stücke zerreißen, gut durchbacken und mit Staubzucker (Puderzucker) bestreut servieren.

Dazu passt Apfelmus (Apfelbrei) oder Marillenmarmelade (Aprikosenkonfitüre).

24. JÄNNER

Spritz-Ringe

Zutaten für 10 bis 12 Stück

125 ml Milch
20 g Butter
2 Prisen Salz
100 g Dinkelvollkornmehl
2 Eier
Staubzucker (Puderzucker)
zum Bestreuen

Den Backofen auf 180 Grad vorheizen.

Milch mit Butter und Salz aufkochen, Mehl rasch einrühren und so lange rühren, bis sich die Masse vom Topf löst. Abkühlen lassen und die Eier zügig einrühren.

Die Masse in einen Spritzsack füllen. Sollte die Masse nicht dressierfähig sein, geben Sie noch 1 bis 2 Eigelb dazu.

Ein Backblech mit Backpapier belegen und darauf Ringe mit 6 bis 8 cm Durchmesser spritzen. Im Backofen bei 180 Grad ca. 15 Minuten backen, nach Belieben mit Staubzucker (Puderzucker) bestreuen.

25. JÄNNER

Sojabohnen-Eintopf VEGAN

Zutaten für 4 Portionen

5 Zwiebeln
2 Knoblauchzehen
2 EL Olivenöl
250 g Tiefkühl-Sojabohnen
4 würfelig geschnittene
Karotten
2 große, würfelig
geschnittene Kartoffeln
1/2 TL getrocknetes
Bohnenkraut
500 ml Gemüsebrühe
1 EL klein gehackte Petersilie

Zwiebel und Knoblauch hacken und in Olivenöl anrösten. Sojabohnen, Karotten und Kartoffeln mit dem Bohnenkraut zugeben, kurz mitrösten und mit der Gemüsebrühe aufgießen. 20 Minuten köcheln lassen und mit Petersilie bestreut servieren.

Dazu passt Reis oder Pasta.

26. JÄNNER

Kräutermuffins mit Frischkäsefüllung

Zutaten für ca. 15 Stück

2 Eier
120 ml Rapsöl
200 g Naturjoghurt
1/2 TL Salz
200 g Dinkelvollkornmehl
200 g Dinkelmehl
2 TL Weinsteinbackpulver
1 TL Natron
25 g (Tiefkühl-)
Kräutermischung
120 g Kräuterfrischkäse

Den Backofen auf 180 Grad vorheizen.
Eier verquirlen, Öl, Joghurt und Salz untermischen und 4 Minuten schlagen. Mehl mit Backpulver und Natron mischen und zusammen mit der Kräutermischung unter die Eiermasse rühren.
Muffinförmchen mit Papierformen auslegen, etwa 2/3 des Teiges in die Formen füllen. Je 1 TL Kräuterfrischkäse auf den Teig setzen, mit restlichem Teig auffüllen.
Auf mittlerer Schiene bei 180 Grad etwa 25 Minuten backen.

27. JÄNNER

Salzburger Nockerl

Zutaten für 4 Personen

10 Eiweiß
5 EL Rohrzucker
1 Prise Salz
5 Eigelb
4 TL Dinkelmehl
125 ml Milch
1 Pkg. Bourbon-Vanillezucker
2 EL Butter

Den Backofen auf 220 Grad vorheizen.
Eiweiß mit Rohrzucker zu sehr steifem Schnee schlagen, eine Prise Salz dazugeben, Eigelb und Mehl vorsichtig unterheben.
Die Milch mit Vanillezucker und Butter erwärmen und in eine flache Auflaufform gießen. Aus der Schneemasse 3 große Nocken formen und auf die Milch setzen.
Im vorgeheizten Backofen bei 220 Grad 8 bis 10 Minuten backen. Die Backofentür vorsichtig und langsam öffnen und schließen, denn dieser lockere Eiweißteig verträgt keine großen Temperaturunterschiede.

Spaghetti mit Knoblauch und Oliven VEGAN

Zutaten für 4 Portionen

60 g Pinienkerne
1 Salatherz
2 Knoblauchzehen
400 g Spaghetti
1 Bio-Zitrone
2 EL Olivenöl
1/4 TL Chiliflocken
100 g schwarze Oliven
Salz

Pinienkerne in einer Pfanne ohne Fett rösten. Salatblätter in kleine Stücke schneiden. Knoblauch schälen und in Scheiben schneiden. Spaghetti nach Packungsanleitung in reichlich Salzwasser bissfest kochen. Zitronenschale abreiben. Zitrone halbieren und 3 EL Saft auspressen. Olivenöl in einer großen Pfanne erhitzen, Knoblauch darin leicht rösten, Chiliflocken, Salatstücke, Zitronensaft und -schale unterrühren, Oliven zugeben, salzen. Vom Herd nehmen und abgedeckt warm halten. Spaghetti abgießen, abtropfen lassen und zu der Soße geben, gut durchmischen. Mit Pinienkernen bestreut servieren.

Schokoladen-Tascherl

Zutaten für 16 Stück

Für den Teig:
200 ml Milch
1 EL Butter
2 Prisen Salz
8 g Bourbon-Vanillezucker
140 g Dinkelmehl
2 Eigelb
1 Eigelb zum Bestreichen

Für die Fülle:
50 ml Milch
150 g fein gehackte Bitterschokolade

Zum Wälzen:
100 g Brösel (Paniermehl)
2 EL Kristallzucker
100 g Butter

Für die Fülle die Milch aufkochen, Schokolade darin auflösen, kalt rühren und einige Stunden kalt stellen.
Für den Teig die Milch mit der Butter, dem Salz und dem Vanillezucker aufkochen, das Mehl rasch einrühren und so lange rühren, bis sich der Teig vom Topfrand löst. Abkühlen lassen, Eigelb einrühren und verkneten. Den Teig auf einer bemehlten Arbeitsfläche 2 cm dick ausrollen. 10 x 6 cm große Rechtecke schneiden, mit Eigelb bestreichen und mit je 1 EL Fülle belegen. Die Rechtecke zusammenklappen, Ränder festdrücken und in Salzwasser ca. 10 Minuten leicht kochen. Brösel (Paniermehl) und Zucker in geschmolzener Butter rösten. Die Tascherl vorsichtig aus dem Salzwasser heben, abtropfen lassen und in den Bröseln (Paniermehl) wälzen. Sofort servieren.

30. JÄNNER

Polentasuppe

Zutaten für 4 Portionen

30 g Rapsöl
30 g Polenta (Maisgrieß)
500 ml Wasser
1 – 2 Suppenwürfel
Etwas (Tiefkühl-)Schnittlauch
1 – 2 EL pflanzliche Sahne

Polenta (Maisgrieß) in Öl kurz anrösten und mit dem Wasser aufgießen. Unter ständigem Rühren mit einem Schneebesen aufkochen. Topf von der Herdplatte nehmen und den Grieß einige Minuten quellen lassen. Nochmal gut durchrühren.

Die Suppe mit einem Klacks pflanzlicher Sahne und mit etwas Schnittlauch servieren.

Tipp: Verwenden Sie statt Maisgrieß auch zur Abwechslung Dinkelgrieß.

31. JÄNNER

Espresso-Schnitten

Zutaten für 12 bis 15 Stück

4 Eier
20 g Instantkaffee
230 g Rohrzucker
20 g gemahlene Mandeln
80 g Rapsöl
100 g Dinkelmehl
1 Prise Salz
20 ml Wasser
2 TL Agar-Agar
15 g Kaffeelikör
700 g Sahne
50 g Zartbitterschokolade
1 EL Kakaopulver zum Bestreuen

Den Backofen auf 180 Grad vorheizen.

Eier trennen. Eigelb mit 10 g Kaffee, 50 g Zucker und Mandeln aufschlagen. Rapsöl unterrühren, Mehl zugeben. Eiweiß mit 80 g Zucker und Salz steif schlagen, unterheben.

Die Masse auf ein mit Backpapier belegtes Backblech streichen, ca. 10 Minuten bei 180 Grad backen, erkalten lassen.

Restlichen Kaffee mit 20 ml Wasser und dem Rest Zucker erwärmen, Agar-Agar einrühren, eindicken lassen, Likör zufügen. Sahne steif schlagen und unter Rühren die Kaffeemasse einrühren.

Biskuitboden halbieren, eine Hälfte mit der geschmolzenen Schokolade bestreichen, trocknen lassen. Hälfte der Kaffeesahne darauf verteilen, mit dem zweiten Boden bedecken und den Rest der Kaffeesahne darüberstreichen. Ca. 2 Stunden kalt stellen. Mit Kakaopulver bestreut servieren.

Februar

Der Tipp für den Monat Februar

Tanzen Sie bis in den Morgen! Nutzen Sie die Ballsaison, Tanzen ist ein perfektes Ganzkörpertraining. Die rhythmischen Bewegungen aktivieren die Bein-, Rücken-, Arm- und Schultermuskulatur, außerdem schulen sie auch die Feinmotorik. Durch das Tanzen werden Fehlhaltungen korrigiert und die Verspannungen einfach weggetanzt!

1. FEBRUAR

Tomaten-Risotto mit Mozzarella

Zutaten für 4 Portionen

125 ml Tomatensaft
250 ml Gemüsebrühe
1 Zwiebel
2 EL Olivenöl
100 g Risottoreis
125 ml Weißwein
Salz
Pfeffer
1 EL gehacktes, getrocknetes (Tiefkühl-)Basilikum
50 g geriebener Mozzarella

Tomatensaft und Gemüsebrühe zusammen erhitzen. Zwiebel klein schneiden, in Olivenöl anbraten, Reis zugeben, durchschwenken und mit Wein ablöschen. Nach und nach die heiße Tomatensaftsuppe unter ständigem Rühren zugeben (dauert ca. 15 Minuten). Den Käse unterrühren, bis er Fäden zieht.

VEGAN-Tipp: Mozzarella durch **veganen Mozzarella** ersetzen: 3 EL Kartoffelmehl mit 1 bis 2 EL Hefeflocken vermischen. 6 EL Sojadrink, natur, 2 TL vegane Margarine und 1 Prise Salz hinzufügen und bei schwacher Hitze unter Rühren erhitzen. Sobald die Masse eine cremige Konsistenz bekommt, den Topf vom Herd nehmen und 4 gehäufte EL Sojajoghurt, natur, unterrühren. Nochmals das Ganze bei geringer Hitze 10 bis 15 Minuten rühren, bis die Masse Fäden zieht und sich vom Topfboden absetzt. Danach kann die Masse sofort verwendet werden oder kommt in einer geölten Form über Nacht in den Kühlschrank. Dann kann dieser vegane Mozzarella geschnitten werden.

2. FEBRUAR

Süße Topfen-Haferflocken-Laibchen

Zutaten für 4 Portionen

250 g Topfen (Quark)
40 g Staubzucker
(Puderzucker)
1 Prise Salz
8 g Bourbon-Vanillezucker
1 Ei
30 ml Rapsöl
50 g Dinkelmehl
50 g Haferflocken
Rapsöl zum Braten

Den Backofen auf 170 Grad vorheizen.
Topfen (Quark), Zucker, Salz, Ei und Öl gut verrühren, Mehl
und Haferflocken beimengen, 2 Stunden kühl rasten lassen.
Mit nassen Händen Laibchen formen und in heißem Rapsöl beidseitig
braten. Im vorgeheizten Backofen 5 Minuten bei 170 Grad weiterbacken.

3. FEBRUAR

Indischer Spinat mit Tofuwürfeln VEGAN

Zutaten für 4 Portionen

200 g gewürfelter Tofu
2 EL Rapsöl
1 Zwiebel
1 Knoblauchzehe
300 g Tiefkühl-Spinat
50 ml passierte Tomaten,
aus dem Glas
100 ml Kokosmilch
1 TL Kurkuma
1 TL getrockneter Koriander
Chilipulver
Salz
Pfeffer

Öl im Wok (oder in einer großen Pfanne) erhitzen und die Tofuwürfel
darin braten, aber nicht zu braun werden lassen. Tofu herausnehmen
und auf Küchenkrepp abtropfen lassen.
Zwiebel und Knoblauch schälen, klein schneiden. Aufgetauten,
ausgedrückten Spinat zur Zwiebel-Knoblauch-Mischung geben und
gut durchmischen, kurz anbraten und im Wok hinaufschieben.
Jetzt in die Mitte des Wok die Kokosmilch mit den Tomaten geben,
leicht köcheln lassen, bis die Soße die gewünschte Konsistenz hat,
restliche Gewürze zugeben.
Tofu in diese Soße legen und warm werden lassen. Herd abschalten,
Spinat an den Rand vom Tofu schieben und zugedeckt 5 Minuten
ziehen lassen. Dazu passt hervorragend Basmatireis.

4. FEBRUAR

Safran-Panna cotta mit Mango VEGAN

Zutaten für 4 Personen

250 ml Sojamilch
250 ml pflanzliche Sahne
0,1 g Safran
8 g Bourbon-Vanillezucker
50 g Kristallzucker
2 TL Agar-Agar
1 Mango
Saft von 1/2 Bio-Zitrone

Milch, Sahne, Safran, Vanillezucker und Zucker aufkochen. Agar-Agar einrühren. Nach dem Eindicken die Creme in Dessertschalen verteilen und abgedeckt über Nacht in den Kühlschrank stellen.
Mango schälen, würfeln, mit Zitronensaft marinieren und über die Panna cotta verteilen.

Tipp: Diese Panna cotta schmeckt auch ohne Safran sehr gut und Sie können jedes beliebige Obst verwenden!

Sauerkraut mit Rosmarinkartoffeln  VEGAN

Zutaten für 4 Portionen

500 g kleine Kartoffeln
500 g Sauerkraut
5 – 8 schwarze Pfefferkörner
2 Lorbeerblätter
1/2 TL gemahlener Kümmel
1/2 TL Kümmel im Ganzen
3 EL Olivenöl
Etwas gemahlener Rosmarin

Die Kartoffeln in der Schale weich kochen.
In der Zwischenzeit das Sauerkraut in einen Topf mit etwas Wasser geben, die Pfefferkörner und die Lorbeerblätter zugeben, mit Kümmel würzen und weich dünsten.
Die gekochten Kartoffeln schälen, halbieren und in einer großen Pfanne in Olivenöl rundum kross anbraten und mit Rosmarin bestreuen.
Mit dem Sauerkraut servieren.

Karotten-Sellerie-Bolognese VEGAN

Zutaten für 4 Portionen

8 Karotten
1/2 Knollensellerie
1 Zwiebel
2 Knoblauchzehen
3 EL Olivenöl
500 ml passierte Tomaten, aus dem Glas
2 TL Gemüsebrühpulver
1 TL getrocknetes Basilikum
1 TL getrockneter Oregano
Pfeffer
Salz
Etwas Wasser oder trockener Rotwein zum Verfeinern

Karotten, Sellerie, Zwiebel und Knoblauch schälen und in einem Hacker fein schneiden (kein Brei, sondern feine Stücke). Das Gemüse in heißem Olivenöl anbraten und mit den passierten Tomaten aufgießen, Gewürze zugeben und 5 Minuten köcheln lassen. Je nach Belieben kann die Soße mit Wasser verdünnt bzw. mit Rotwein verfeinert werden.

Tipp: Wussten Sie, dass Sie Reste von Wein einfrieren können? Füllen Sie kleine Überbleibsel in kleine Gefrierdöschen und legen Sie diese in den Gefrierschrank. Somit haben Sie geringe Mengen zum Kochen sofort bereit.

7. FEBRUAR

Hirseauflauf

Zutaten für 4 Portionen

120 g Hirse
4 Eigelb
110 g Rohrzucker
8 g Bourbon-Vanillezucker
Salz
10 g geriebene Mandeln
100 g Dinkelmehl
1 TL Weinsteinbackpulver
90 g Rapsöl
4 Eiweiß

Den Backofen auf 160 Grad vorheizen.
Hirse in leicht gesalzenem Wasser zugedeckt weich kochen. Abseihen, abschrecken und gut abtropfen lassen. Eigelb mit 40 g Zucker, Vanillezucker und Salz schaumig rühren, erkaltete Hirse und Mandeln untermengen. Mehl mit Backpulver vermischen und mit dem Öl zur Eigelbmischung geben. Eiweiß zu steifem Schnee schlagen, den restlichen Zucker einrühren und diese Masse vorsichtig unter die Hirsemasse geben. Eine Backform mit Backpapier auslegen und die Masse einfüllen.
Im vorgeheizten Backofen bei 160 Grad ca. 1 Stunde backen, nach einer Ruhezeit von einer halben Stunde portionieren.

Tipp: Sie können den Auflauf mit (Tiefkühl-)Himbeeren oder anderem Obst belegt backen und/oder mit frischem Obst servieren.

8. FEBRUAR

Sauerkraut-Laibchen VEGAN

Zutaten für 4 Portionen

500 g Sauerkraut
80 g Dinkelmehl
3 – 4 EL pflanzliche Sahne
1 EL getrockneter Majoran
2 zerdrückte Knoblauchzehen
Salz
Pfeffer
Gemahlener Kümmel
Rapsöl zum Braten

Kraut wässern, gut ausdrücken und aufgelockert mit Mehl, Sahne, Majoran und Knoblauch vermengen, würzen, 10 Minuten ziehen lassen. Aus der Masse Laibchen formen und beidseitig in heißem Rapsöl langsam braten.

Tipp: Reichen Sie dazu gekochte Kartoffeln oder Bratkartoffeln mit Salat.

9. FEBRUAR

Crêpes Suzette – französische Orangenpfannkuchen

Zutaten für 4 Portionen

Für den Teig:
2 Eier
200 ml Milch
1 Prise Salz
80 g Dinkelmehl
200 g Rohrzucker
50 g Butter

Für die Soße:
6 Bio-Orangen
4 EL Orangenlikör,
z. B. Cointreau

Außerdem:
Rapsöl zum Backen

Für den Teig: Eier mit Milch verquirlen, salzen, Mehl und 2 EL Zucker einrühren. Den glatten Teig kurz rasten lassen. Butter in der Pfanne erhitzen, kurz aufschäumen, leicht goldbraun werden lassen und unter den Teig rühren.

Für die Soße 3 Orangen heiß abwaschen und die Schale in feinen Spänen abziehen. Diese 3 Orangen auspressen und den Saft gemeinsam mit den Spänen und dem restlichen Zucker aufkochen und bei starker Hitze zu einem dünnflüssigen Sirup einkochen lassen.

Die übrigen Orangen schälen, die weiße Haut vollständig entfernen und die Filets aus den Zwischenhäuten schneiden. Den abtropfenden Saft auffangen und zum Sirup geben.

In 2 beschichteten Pfannen etwas Rapsöl erhitzen, jeweils 1 Kelle Teig hineingießen, die Crêpes von beiden Seiten goldgelb backen, auf einen vorgewärmten Teller geben und warm halten.

Wenn alle Crêpes fertig sind, die Orangenfilets darauf verteilen, zusammenklappen und nebeneinander in 1 bis 2 Pfannen geben.

Den Zuckersirup und den Orangenlikör darauf verteilen, alles nochmals erwärmen und zum Flambieren den Likör mit einem langen Streichholz entzünden. Danach sofort servieren.

10. FEBRUAR

Rote Linsen mit Kartoffeln   VEGAN

Zutaten für 4 Portionen

200 g rote Linsen
1 Suppenwürfel
700 g Kartoffeln

Die Linsen in der doppelten Menge an Wasser zum Kochen bringen, aufkochen, Suppenwürze zugeben und zugedeckt bei abgeschalteter Herdplatte (E-Herd) 10 Minuten weich kochen.

Kartoffeln kochen und schälen und mit den Linsen servieren.

Tipp: Verrühren Sie 150 ml pflanzliche Sahne mit 2 EL Dinkelmehl zu einer glatten Creme und rühren Sie diese unter die nicht mehr kochenden Linsen. Danach unter Rühren einmal aufkochen und mit Petersilie garniert zu den Kartoffeln servieren.

Marillen-Golatschen

Zutaten für 15 Stück

Für den Teig:
350 g Dinkelmehl
100 g Staubzucker
1 Prise Salz
8 g Bourbon-Vanillezucker
100 g Butter
125 ml Crème fraîche
2 Eigelb
1 Ei

Für die Fülle:
125 ml Milch
1 EL Vanillepuddingpulver
1 – 2 EL Kristallzucker
1 Eigelb
250 g Topfen (Quark)
3 süße Tiefkühl-Marillen
(Aprikosen) oder anderes
Obst nach Belieben

Außerdem:
Ei zum Bestreichen

Den Backofen auf 160 Grad vorheizen.
Für den Teig alle Zutaten verkneten und in Folie gewickelt 2 Stunden kühl rasten lassen. Für die Fülle die Milch mit dem Puddingpulver und dem Zucker verrühren, aufkochen und abkühlen lassen. Eigelb einrühren und Pudding erkalten lassen, mit dem Topfen (Quark) verrühren.
Den Teig auf einer bemehlten Arbeitsfläche ausrollen, Quadrate mit ca. 15 cm Seitenlänge schneiden. Die Quadrate mit Pudding und einem kleinen Marillenstück (Aprikosenstück) belegen. Teigzipfel übereinanderschlagen und in der Mitte festdrücken, mit verquirltem Ei bestreichen und im vorgeheizten Backofen bei 160 Grad ca. 25 Minuten backen.

Tipp: Jetzt ist es an der Zeit, das im Sommer tiefgefrorene Obst aus der Tiefkühltruhe aufzubrauchen. Dafür eignet sich dieses Rezept, das mit jedem beliebigen Obst (aus der Tiefkühltruhe) gebacken werden kann.

Sellerie-Süßkartoffel-Püree VEGAN

Zutaten für 4 Portionen

2 große Süßkartoffeln
1 Knollensellerie
1 TL getrockneter Liebstöckel
Salz
1 TL Kürbiskernöl
Wasser nach Bedarf

Süßkartoffeln und Sellerie schälen und in Stücke schneiden, in einen Topf geben und mit Wasser bedecken. Das Ganze zum Kochen bringen und für 10 bis 20 Minuten garen. Je kleiner die Stücke, umso schneller der Garvorgang. Kochwasser beim Abgießen auffangen, Gemüse pürieren und Gewürze zufügen. Je nach Belieben kann während des weiteren Pürierens das Kochwasser zugefügt werden, bis die gewünschte Konsistenz erreicht wird.

13. FEBRUAR

Financiers

Zutaten für ca. 16 Stück

150 g Butter
3 Eiweiß
50 g Mehl
150 g Staubzucker
(Puderzucker)
60 g Mandelmehl
(ersatzweise
geriebene Mandeln)
1 Prise Salz

Den Backofen auf 200 Grad vorheizen.

In einem Topf die Butter zu »beurre noisette« (Nussbutter) schmelzen. Das bedeutet, dass Sie die Butter so lange bei mittlerer Hitze erwärmen, bis die Molke verbrennt und sich als Körnchen am Boden absetzt. Das Butterfett wird schön karamellbraun und klar. Das Ganze dauert ca. 15 Minuten.

Eiweiß steif schlagen. Mehl, Zucker, Mandeln und Salz in einer zweiten Schüssel vermischen. Die Nussbutter (Körnchen sollen größtenteils im Topf bleiben!) zur Mandelmasse geben, verrühren und zuletzt den Eischnee unterheben.

Teig in gut eingefettete kleine Backförmchen geben und 12 Minuten (je nach Größe der Backform) backen, bis die Financiers goldbraun und durch sind. Nach 5 Minuten können Sie sie schon verzehren!

Tipp: Financiers sind außergewöhnlich delikate und luftige Mandelleckereien, die man in Paris an jeder Straßenecke kaufen kann, bei uns aber leider nicht findet. Daher lautet die Devise: Selbst machen!

Kärntner Kasnudeln

Zutaten für 15 Stück

Für den Teig:
2 Eier
2 EL Rapsöl
Salz
250 g Dinkelmehl
2 – 3 EL Wasser
Mehl für die Arbeitsfläche

Für die Fülle:
1 große mehlige Kartoffel
(ca. 120 g)
250 g Topfen (Quark)
1 EL Butter
2 EL gehackte (Tiefkühl-)
Kräuter, z. B. Petersilie,
Schnittlauch, Minze etc.
2 EL Sauerrahm (saure Sahne)
1 Ei
Salz, Pfeffer

Außerdem:
2 EL geschnittener (Tiefkühl-)
Schnittlauch zum Bestreuen
Erwas Butter

Für den Teig Eier, Öl, Salz, Mehl und Wasser verkneten, Kugel formen, 30 Minuten warm rasten lassen. Für die Fülle die Kartoffel kochen, schälen und zerdrücken. Butter in einer Pfanne zergehen lassen und die Kräuter kurz durchschwenken. Kartoffel mit Topfen (Quark) und Sauerrahm (saure Sahne) verrühren, Ei und flüssige Kräuterbutter untermischen und mit Salz und Pfeffer kräftig abschmecken.
Den Teig auf einer bemehlten Arbeitsfläche ausrollen und 12 cm große Kreise ausstechen. Auf jeden Kreis etwas Fülle (ca. 1 EL) geben, das Teigstück zusammenklappen und die Ränder fest und schön wellig zusammendrücken. In einem großen Topf Wasser aufkochen, salzen und die Kasnudeln bei schwacher Hitze 10 bis 12 Minuten ziehen lassen. Auf Tellern anrichten, mit zerlassener Butter übergießen und mit feinen Schnittlauchröllchen bestreut servieren.

Dirndl-Ecken

Zutaten für ca. 50 Stück

500 g Dinkelmehl
1 Ei
200 ml Milch
5 EL Rapsöl
Salz

Die Zutaten zu einem glatten Teig verarbeiten, 1 Stunde kühl rasten lassen. Teig auf einer bemehlten Fläche messerrückendick ausrollen, in Vierecke schneiden, mit einer Gabel mehrmals einstechen und in sehr heißem Rapsöl kurz auf beiden Seiten goldgelb backen.
In eine Schüssel geben und sofort zudecken, damit das Gebäck nicht zusammenfällt!

16. FEBRUAR

Schoko-Küsschen

Zutaten für ca. 15 Stück

3 Eier
200 g Rohrzucker
150 g Butter
100 g Bitterschokolade
40 g Dinkelmehl
1 EL Kakao
80 g geröstete, gehackte
Mandeln oder Haselnüsse

Den Backofen auf 180 Grad vorheizen.
Eier und Zucker 10 Minuten schaumig schlagen. Butter und Schokolade bei niedriger Temperatur schmelzen und unter die Eiermasse rühren.
Mehl, Kakao und Mandeln einrieseln lassen, gut verrühren.
Mit einem Teelöffel kleine Häufchen auf ein mit Backpapier belegtes Backblech setzen und im vorgeheizten Backofen bei 180 Grad ca. 30 Minuten backen.

17. FEBRUAR

Soba-Nudeln VEGAN

Zutaten für 4 Portionen

250 g Soba-Nudeln (= japanische Buchweizennudeln)
100 g grüne Tiefkühl-Fisolen (grüne Bohnen)
250 g Karotten
250 g gelbe Karotten
2 EL Olivenöl

Für die Marinade:

30 ml Balsamico-Essig
2 EL Sojasoße
1 rote, halbierte Chilischote
1 Knoblauchzehe
1 Bio-Limettenschale, abgerieben
1 TL Kristallzucker
50 ml Olivenöl
20 ml Sesamöl

Die Soba-Nudeln in reichlich Salzwasser kochen. Dabei steigt immer wieder Schaum auf, diesen mit kaltem Wasser ablöschen und weiterkochen, bis die Nudeln bissfest sind. Nudeln abseihen und kalt abschrecken. Chili entkernen und mit dem Knoblauch fein hacken.
Mit den restlichen Zutaten für die Marinade in einer großen Pfanne gut vermengen und die Nudeln darin schwenken. Die Karotten in zarte Streifen schneiden. Die Bohnen in Salzwasser 3 Minuten blanchieren.
Die Karotten in Olivenöl anbraten, die Bohnen dazugeben, kurz unter Rühren braten. Mit den Nudeln vermischen und anrichten.

18. FEBRUAR

süße Krapferl

Zutaten für 30 Stück

100 ml Milch
50 ml Rapsöl
2 Eier
2 Eigelb
50 g Rohrzucker
500 g Dinkelmehl
1 Pkg. Weinsteinbackpulver
1 TL Bourbon-Vanillezucker
Marillenmarmelade
(Aprikosenkonfitüre)
Staubzucker (Puderzucker)
Rapsöl zum Ausbacken

Alle Zutaten zu einem geschmeidigen Teig verrühren und an einem warmen Ort zugedeckt 30 Minuten gehen lassen. In einer großen Pfanne 1 cm Rapsöl erhitzen und kleine Teigstücke (mit einem Teelöffel) hineinsetzen. 1 Minute braten und sofort wenden, nach einer weiteren Minute herausnehmen und auf einem mit Küchenpapier belegten Teller abtropfen lassen. Servieren Sie die Krapfen mit Marillenmarmelade (Aprikosenkonfitüre) und Staubzucker (Puderzucker)!

19. FEBRUAR

Spinat-Tortillas mit Feta-Creme

Zutaten für 4 Portionen

Für die Tortillas:
280 g Dinkelmehl
4 EL Olivenöl
2 TL Salz
60 ml Wasser
80 g Tiefkühl-Spinat

Für die Feta-Creme:
150 g Feta (Schafskäse)
100 g Sauerrahm
(saure Sahne)
50 g Naturjoghurt

Für die Tortillas Dinkelmehl, Öl und Salz in der Küchenmaschine mit dem Knethaken verrühren, Spinat beimengen und das Wasser löffelweise zugeben. Alle Zutaten zu einem geschmeidigen Teig verarbeiten. Den Teig 20 Minuten rasten lassen, danach nochmals durchkneten und in ca. 10 Stücke teilen. Auf einer bemehlten Arbeitsfläche kleine Fladen dünn ausrollen. In einer Pfanne mit etwas Rapsöl auf beiden Seiten anbraten. Die fertig gebackene Tortilla soll braune Flecken haben.
Für die Feta-Creme alle Zutaten cremig rühren und auf die Spinat-Tortillas streichen.

20. FEBRUAR

Frühstücks-Müsli – schnell gemacht VEGAN

Zutaten pro Müslischale

50 ml Sojajoghurt, natur
1 EL Marillenmarmelade
(Aprikosenkonfitüre)
und/oder Früchte je nach
Belieben und Saison
1 EL Leinsamen, im Ganzen
1 EL geriebene Mandeln
1 TL Dinkelflocken
1 TL Haferkleie

Alles gut vermengen und genießen!

Tipp: Haferkleie wirkt cholesterinsenkend. Da sie aber eher schwer verdaulich ist, sollte sie am Morgen sparsam eingesetzt werden.

21. FEBRUAR

Marzipan-Mohn-Gugelhupf

Zutaten für 1 Gugelhupf

Für den Teig:
250 g Butter
200 g Rohrzucker
8 g Vanillezucker
5 Eier
400 g Dinkelmehl
1 Pkg Weinsteinbackpulver
150 ml Milch
100 g Rohmarzipan
100 g geriebener Mohn

Für den Zuckerguss:
200 g Staubzucker
(Puderzucker)
Etwas heißes Wasser
Einige EL geriebener Mohn

Den Backofen auf 180 Grad vorheizen.
Für den Teig die Butter mit dem Zucker schaumig rühren, die Eier einzeln zugeben und verrühren, Mehl und Backpulver einrieseln lassen und zuletzt die Milch dazugeben.
Den Teig in 2 Portionen teilen. In die eine Hälfte das in kleine Stücke geschnittene Marzipan geben, in die andere Hälfte den Mohn unterrühren. Eine Gugelhupfform mit Rapsöl bepinseln, zuerst den Mohnteig einfüllen, darauf den Marzipanteig streichen.
Gugelhupf 60 Minuten bei 180 Grad backen, etwa 10 Minuten noch in der Form ruhen lassen und danach auf ein Kuchengitter stürzen.
Für den Zuckerguss den Staubzucker (Puderzucker) mit etwas heißem Wasser glatt rühren und über den Kuchen gießen, mit etwas gemahlenem Mohn bestreuen.

22. FEBRUAR

Gebackener Ziegenkäse

Zutaten für 4 Portionen

1 Ei
Reichlich gemahlener Pfeffer
30 g Semmelbrösel
(Paniermehl)
4 runde Ziegenfrischkäse
(à 25 g)

Den Backofen auf 200 Grad vorheizen.

Das Ei in einem tiefen Teller mit dem Pfeffer verquirlen, die Semmelbrösel (Paniermehl) in einen zweiten Teller geben. Ziegenkäse zuerst im gepfefferten Ei wenden, dann in die Semmelbrösel drücken.

Den panierten Käse auf ein mit Backpapier belegtes Blech legen und im heißen Ofen bei 200 Grad ca. 10 Minuten backen. Dann ist der Käse innen cremig, läuft aber noch nicht auseinander.

Dazu reichen Sie gemischten Salat.

23. FEBRUAR

Linsen-Apfel-salat

Zutaten für 4 Portionen

Für den Salat:
3 Kartoffeln
3 Karotten
100 g rote Linsen
1/2 TL Suppenwürze
100 g Tiefkühl-Erbsen
3 säuerliche Äpfel
1 Bund fein gehackte Dille

Für das Dressing:
250 g Sojajoghurt
2 EL Dijon-Senf
Salz
Pfeffer

Für den Salat in einem Topf die Kartoffeln und Karotten weich kochen. Für die Linsen die doppelte Menge an Wasser zum Kochen bringen, Suppenwürze zugeben, die Linsen einlegen und nach dem nochmaligen Aufkochen zugedeckt 15 Minuten auf der abgeschalteten Herdplatte stehen lassen. Die Erbsen kurz in kochendem Wasser blanchieren. Alle Zutaten überkühlen lassen und miteinander vermengen. Äpfel schälen und würfelig schneiden. Äpfel und gehackte Dille zugeben. Die Zutaten für das Dressing cremig rühren und unter den Salat mengen. Eventuell noch etwas Wasser oder Joghurt unterrühren, mit Salz und Pfeffer abschmecken.

24. FEBRUAR

Buttermilch-Pancakes

Zutaten für 8 stück

2 Eier
4 EL Rapsöl
225 – 250 ml Buttermilch
175 g Dinkelmehl
1/2 TL Natron
1/2 TL Weinsteinbackpulver
1 EL Rohrzucker
1/2 TL Salz
Rapsöl zum Braten

Die flüssigen Zutaten gut verschlagen. Restliche Zutaten in einer eigenen Schüssel vermengen und zur Ei-Buttermilch-Mischung geben, schnell verquirlen, einige Minuten quellen lassen. Nochmals aufschlagen und jeweils einen Schöpflöffel Teig in einer Pfanne mit etwas Rapsöl auf beiden Seiten goldbraun braten.

Tipp: Süße Pfannkuchen werden traditionell mit Ahornsirup serviert. Sehr gut schmecken sie auch mit Marillenmarmelade (Aprikosenkonfitüre), Ribiselmarmelade (Johannisbeerkonfitüre) oder einem **Cream-Topping:** Dafür 1 Packung Topfen (Quark) mit 1 Becher Vanillejoghurt glatt rühren.

Amerikanische Pfannkuchen gelingen auf Anhieb, sie sind wunderbar dick und fluffig, ganz im Gegensatz zu den hauchdünnen, seidigen französischen Crêpes.

Couscous aus 1001 Nacht (VEGAN)

Zutaten für 4 Portionen

2 – 3 EL Olivenöl oder
Sonnenblumenöl
1 TL Senfkörner
2 EL Cashewkerne oder
Pinienkerne
1/2 TL Currypulver
Salz
Pfeffer
1/2 TL gemahlener Koriander
250 g Couscous
3 – 4 EL geraspelte Karotten
250 ml kochendes Wasser
3 – 4 EL Trockenfrüchte
z. B. Datteln, Feigen, Rosinen,
Aprikosen etc.

Den Backofen auf 80 Grad vorheizen.

In einer großen beschichteten Pfanne das Öl erhitzen, die Senfkörner darin zum Springen bringen, Nüsse mit den restlichen Gewürzen zufügen und hellgelb/braun rösten. Couscous mit den Karotten zugeben, salzen und kurz anschwitzen lassen, dann mit kochendem Wasser aufgießen, Trockenfrüchte zugeben, gut umrühren.

Die Masse in eine feuerfeste Glasform füllen und im vorgeheizten Backofen bei 80 Grad für 10 Minuten quellen lassen, ab und zu mit einer Gabel umrühren. Falls nötig, noch etwas heißes Wasser zugeben, sanft umrühren.

Der Couscous sollte locker und nicht matschig sein, daher nicht zu viel Flüssigkeit verwenden.

Chinakohl-Apfel-Salat (VEGAN)

Zutaten für 4 Portionen

Für den Salat:
1 kg Chinakohl
4 säuerliche Äpfel
2 EL Sonnenblumenkerne

Für die Marinade:
1 TL Dijon-Senf
1 EL Kürbiskernöl
3 EL Wasser
1 EL Weingeistessig

Für den Salat Chinakohl putzen, in dünne Ringe/Streifen schneiden, in eine große Salatschüssel geben. Äpfel entkernen und in schmale Streifen schneiden, eventuell noch halbieren. Zum Chinakohl untermengen, mit Sonnenblumenkernen bestreuen.

Für die Marinade Senf, Öl, Wasser und Essig in einer Tasse verrühren und über den Salat gießen. Kurze Zeit ziehen lassen.

27. FEBRUAR

Tagliatelle mit Brokkolisoße

Zutaten für 4 Portionen

300 g Bandnudeln
600 g Tiefkühl-Brokkoli
1 Zwiebel
1 EL Olivenöl
600 ml Gemüsebrühe
100 g Kräuterfrischkäse
50 g geriebener Parmesan
Salz
Pfeffer

Bandnudeln in kochendem Salzwasser al dente kochen.
In einem zweiten Topf mit kochendem Salzwasser Tiefkühl-Brokkoli
4 bis 5 Minuten kochen. Zwiebel fein würfeln, mit Brokkoli im Olivenöl
anrösten mit Brühe ablöschen und zugedeckt 8 Minuten garen.
Brokkoli pürieren, Frischkäse und 30 g Parmesan unterrühren und
nochmals aufkochen. Mit Salz und Pfeffer abschmecken, mit den
gekochten Nudeln und restlichem Parmesan anrichten.

28. FEBRUAR

Giotto-Schnitten

Zutaten für ca. 30 Stück

Für den Teig:
8 Eigelb
200 g Rohrzucker
2 EL Wasser
8 Eiweiß
120 g Dinkelmehl
100 g geriebene Mandeln

Für die Creme:
125 ml Milch
200 g Rohmarzipan
250 g Butter
120 g Staubzucker
(Puderzucker)
Etwas Amaretto
Mandelblättchen

Außerdem:
Giottos

Den Backofen auf 180 Grad vorheizen.
Für den Teig Eigelb mit Rohrzucker schaumig schlagen, Wasser zugeben.
Eiweiß steif schlagen und zusammen mit Mehl und Mandeln unterheben.
Masse auf ein mit Backpapier belegtes Backblech streichen und im
vorgeheizten Backofen bei 180 Grad etwa 30 Minuten backen.
Für die Creme in der Zwischenzeit die Milch mit dem Rohmarzipan aufkochen und auskühlen lassen. Mandelblättchen in einer Pfanne anrösten
und auskühlen lassen. Butter mit Staubzucker (Puderzucker) schaumig
rühren, Amaretto zugeben und die Marzipanmasse unterrühren.
Die Creme auf den Kuchen streichen, die Mandelblättchen darüberstreuen und die Giottos aufsetzen.

März

Der Tipp für den Monat März

Vitamin C schützt nicht nur vor grippalen Infekten und Erkältungen, sondern wappnet uns auch gegen Stress und aktiviert unsere Glückshormone.

Sanddorn und Hagebutten sind die heimischen Vitamin-C-Lieferanten: Stocken Sie Ihren Vitamin-C-Spiegel bereits zum Frühstück mit einer Tasse Hagebuttentee auf! Mit einem Schuss frisch gepresstem Zitronen- oder Orangensaft steigt der Vitamin-C-Gehalt gleich nochmals an. Sanddorn-Präparate werden auch in der Apotheke angeboten. Vitamin C in hohen Dosen liefern auch Orangen, Kiwis und Paprika.

Halten Sie je nach der Witterung bereits Ausschau nach den ersten Kräutern: Die ersten frischen Kräutertriebe in der Natur sind besonders reich an Vitamin C: Pflücken Sie einige Löwenzahnblätter und peppen Sie damit Ihren Salat oder Ihre Suppe auf!

1. MÄRZ

Mandel-Muffins

Zutaten für ca. 20 Stück

6 Eier
2 Becher Vanillejoghurt
2 Becher Dinkelmehl oder Dinkelvollkornmehl
1 1/2 Becher Rohrzucker
2 1/2 Becher geriebene Mandeln
1 Becher Rapsöl
1 TL Bourbon-Vanillezucker
1/2 Pkg. Weinsteinbackpulver

Den Backofen auf 180 Grad vorheizen.
Die Zutaten in der angegebenen Reihenfolge in eine Schüssel geben und mit dem Schneebesen der Küchenmaschine 5 Minuten schlagen. Den Teig in mit Rapsöl bestrichene Muffinförmchen füllen und im Backofen ca. 40 Minuten backen.

Hinweis: Wird Vollkornmehl verwendet, so sollten 1 bis 2 EL warmes Wasser dem Teig zugegeben werden.

Tipp: Dieser Teig eignet sich auch für einen Blechkuchen und kann auch mit (Tiefkühl-)Marillen (Aprikosen) belegt werden.

2. MÄRZ

Bunte Gemüsesuppe VEGAN

Zutaten für 4 Portionen

1 Zwiebel
4 Karotten
2 Kartoffeln
4 EL Olivenöl
1,5 l Gemüsesuppe
Salz
Pfeffer
2 EL frisch gehackte Petersilie

Zwiebel und Karotten schälen, in Ringe bzw. Scheiben schneiden. Kartoffeln schälen und würfeln. Olivenöl in einem großen Topf erhitzen, Gemüse zugeben, kurz braten und mit Suppe aufgießen, etwa 30 Minuten köcheln lassen. Mit Salz und Pfeffer abschmecken und mit Petersilie bestreut servieren.

Tipp: Je nach Saison kann diese Suppe mit klein geschnittener Staudensellerie, gerösteten Zucchiniwürfeln, in Ringe geschnittenen Frühlingszwiebeln etc. variiert werden.

3. MÄRZ

Tomatenknödel VEGAN

Zutaten für 4 Portionen

Für die Knödel:
250 g Dinkelmehl
150 ml Wasser
1 EL Rapsöl
1/2 TL Salz

Für die Fülle:
1 Zwiebel
2 Knoblauchzehen
1 EL Olivenöl
100 g eingelegte,
getrocknete Tomaten
1 EL gehacktes
(Tiefkühl-)Basilikum
2 EL fein geschnittener
(Tiefkühl)-Schnittlauch

Für die Knödel Mehl, Wasser, Öl und Salz zu einem glatten Teig verarbeiten, eine Rolle formen und zugedeckt 30 Minuten rasten lassen. Für die Fülle die Zwiebel würfeln, Knoblauch klein hacken. Beides in Olivenöl anbraten und klein geschnittene Tomaten zugeben. Kurz mitbraten, Basilikum untermengen.
Teigrolle in ca. 8 Scheiben schneiden, flachdrücken, Fülle in die Mitte setzen und glatte Knödel formen. Salzwasser aufkochen, Knödel einlegen und ca. 12 Minuten schwach kochen. Die Knödel vorsichtig herausheben, abtropfen lassen und mit Schnittlauch bestreut servieren.

4. MÄRZ

Dinkel-Hirse-Vollkornbrot

Zutaten für 1 Brot

100 g Hirse
Wasser
1 Würfel Hefe
500 g Dinkelvollkornmehl
12 g Salz
250 g Wasser

Backofen auf 220 Grad vorheizen und eine Schüssel mit Wasser in den Ofen stellen. Hirse in 300 ml Wasser aufkochen, zugedeckt 20 Minuten auf der abgeschalteten, aber noch heißen Herdplatte ausquellen lassen. Hefe in 250 ml warmem Wasser auflösen, Mehl und Hirse untermengen und den Teig in der Küchenmaschine ca. 8 Minuten mit dem Knethaken kneten. Teig abgedeckt ca. 30 Minuten warm stellen.
Eine Kastenform (ca. 20 cm lang) ausfetten und den Teig einfüllen. Teig mehrmals mit einer Gabel einstechen und mit Wasser bepinseln. 20 Minuten bei 220 Grad backen, danach die Hitze auf 180 Grad reduzieren und weitere 35 Minuten backen.

5. MÄRZ

Brokkoli-Basilikum-Cremesuppe mit Parmesantalern

Zutaten für 4 Portionen

Für die Suppe:
2 EL Olivenöl
1 Zwiebel
1 Knoblauchzehe
500 g Tiefkühl-Brokkoli
750 ml Gemüsebrühe
1 – 2 EL gehacktes (Tiefkühl-)Basilikum
200 g pflanzliche Sahne
Salz
Pfeffer
1 Prise Muskatnuss

Für die Taler:
75 g geriebener Parmesan

Ev. Basilikumblätter zum Dekorieren

Den Backofen auf 200 Grad vorheizen.
Für die Taler mit dem geriebenen Parmesan 8 kleine Häufchen auf ein mit Backpapier belegtes Backblech setzen. Dabei bitte Abstand halten, da der Käse beim Backen auseinanderläuft. Parmesantaler auf mittlerer Schiene für ca. 5 Minuten bei 200 Grad backen, danach herausnehmen und erkalten lassen.
Für die Suppe Zwiebel und Knoblauch klein schneiden. In einem Topf Olivenöl erhitzen, Zwiebel und Knoblauch anschwitzen und mit der Brühe aufgießen, aufkochen. Brokkoli in das sprudelnde Kochwasser einlegen. 10 Minuten garen, Basilikum und 100 g Sahne zugeben und die Suppe mit dem Pürierstab pürieren. Mit Salz, Pfeffer und Muskatnuss abschmecken.
Die Suppe in tiefe Teller geben, die restliche Sahne mittig in die Teller setzen. Wenn vorhanden, mit Basilikumblättern dekorieren. Dazu die Parmesantaler reichen.

Spargel mit gebackenen Estragon-Soufflés

Zutaten für 6 Soufflés

400 g Spargel
2 Stk. Würfelzucker
20 g Butter

Für die Soufflés:
75 g Butter
75 g Mehl
500 ml Milch
1 Prise geriebene Muskatnuss
Salz
Pfeffer
6 Eier
150 g geriebener Parmesan
1 EL getrockneter Estragon
oder 1 EL Estragonsenf
150 g Schlagsahne
Rapsöl zum Einfetten

Backofen auf 180 Grad vorheizen und eine Auflaufform mit hohem Rand auf die mittlere Schiene stellen. Diese Form zur Hälfte mit heißem Wasser füllen. Spargel schälen und in reichlich Salzwasser mit Würfelzucker und Butter 5 Minuten garen. (Spargelschalen und das Kochwasser für eine Spargelsuppe am nächsten Tag aufheben!) Spargel behutsam herausheben und zugedeckt warm halten.

Für die Soufflés in einem Topf Butter zerlassen, Mehl anschwitzen und unter Rühren die Milch zufügen. Unter ständigem Rühren zum Kochen bringen, bis die Soße eindickt. Topf vom Herd nehmen, Muskatnuss, Salz und Pfeffer zufügen. Eier trennen, das Eigelb einrühren, dann den Käse und Estragon zugeben. Zur Seite stellen.

Das Eiweiß mit einer Prise Salz steif schlagen und vorsichtig unter die Eigelb-Käse-Mischung heben. Die Masse auf 6 eingefettete Soufflé-förmchen verteilen und diese in die Auflaufform im Backofen stellen. 20 Minuten backen, bis die Soufflés goldbraun sind. Herausnehmen, kurz stehen lassen, aus der Form lösen.

Vor dem Servieren werden die abgekühlten Soufflés in die Sahne getaucht und im vorgeheizten Backofen bei 180 Grad ca. 7 Minuten gebacken, bis sie sich wieder aufgerichtet haben.

Soufflés zusammen mit dem Spargel servieren.

Halloumi-Happen

Zutaten für 4 Portionen

80 ml Knoblauchöl
2 EL Limettensaft
Frisch gemahlener Pfeffer
3 EL gehackte Petersilie
750 g Halloumi (3 Stk.;
zypriotischer Grillkäse, der
beim Erhitzen nicht schmilzt)

Öl in einer großen Schale mit Limettensaft, Pfeffer und Petersilie zu einem Dressing verrühren. Halloumi abtropfen lassen, in 5 mm dicke Streifen schneiden, die Streifen eventuell noch halbieren. Eine beschichtete Pfanne erhitzen und die Käsestücke ohne Zugabe von Fett etwa 1 Minute braten, bis der Halloumi auf beiden Seiten goldbraun ist.

Die gebratenen Käsestücke in das Dressing geben, wenden und anschließend auf einen Servierteller legen.

Macarons

Für die Macarons:
175 g Staubzucker
(Puderzucker)
100 g geriebene Mandeln
100 g Eiweiß
25 g Staubzucker
(Puderzucker)

Für die Fülle:
75g Tiefkühl-Himbeeren
250 g Mascarpone
3 EL Schlagsahne
2 – 3 EL Zucker
10 g Bourbon-Vanillezucker
2 EL Himbeermarmelade
(Himbeerkonfitüre)

Den Backofen auf 150 Grad vorheizen.
Für die Macarons den Staubzucker (Puderzucker) mit Mandeln in der Küchenmaschine zu feinem Pulver schlagen. Eiweiß steif schlagen, bis sich Spitzen bilden, dann 25 g Zucker unterziehen, nach und nach die Zucker-Mandel-Mischung langsam einrühren. Die Masse in einen Spritzbeutel füllen und auf ein mit Backpapier belegtes Backblech runde Tupfen mit ca. 2 cm Durchmesser spritzen. Die Macarons ca. 60 Minuten ruhen lassen. Wenn sie matt aussehen, gehören sie in den Ofen.
Backen Sie die Macarons im vorgeheizten Backofen bei 150 Grad je nach Größe 10 bis 20 Minuten. Während des Backens entstehen am unteren Rand die für Macarons typischen »Füßchen«. Die Macarons sind fertig, wenn sich die Oberfläche fest anfühlt, das Baiser aber innen noch weich ist. Vor der Weiterverarbeitung vollständig auskühlen lassen.
Für die Fülle Himbeeren auftauen. Mascarpone mit Sahne, Zucker und Vanillezucker aufschlagen, Marmelade und Himbeeren zugeben, verrühren. Einen großen Löffel davon auf die Unterseite einer Macaronhälfte streichen, vorsichtig andrücken und mit der zweiten Macaronhälfte bedecken.

Tipp: Sie können die Macarons ganz nach Ihren Vorlieben füllen, z. B. mit Marillenmarmelade (Aprikosenkonfitüre) oder mit einer Kaffeecreme. Sie können den Macarons-Teig auch mit etwas Lebensmittelfarbe färben.

Gegrillte Quesadillas

8 Tortillas
150 g geriebener Käse
1 Frühlingszwiebel
1 Handvoll frische, gehackte Kräuter, z. B. Basilikum, Koriander, Petersilie etc.
1 TL Olivenöl

Die Frühlingszwiebel in Ringe schneiden. Die Tortillas auflegen, eine Hälfte mit Käse bestreuen, die Zwiebelringe und Kräuter darüberstreuen, zusammenklappen und mit Olivenöl bepinseln.
In einem Plattengriller die Tortillas 3 bis 5 Minuten braten, anschließend in 3 Dreiecke schneiden und mit einer Salsa Ihrer Wahl servieren.

Serviettenknödel mit Kräutersoße

Für die Serviettennödel:
500 g Semmelwürfel
(Knödelbrot)
150 g Dinkelmehl
200 ml Milch
1 Ei
3 EL klein gehackte Petersilie
1 TL Suppenwürze
1 Prise Salz

Für die Soße:
1 kleine Zwiebel
1 TL Olivenöl
250 ml Gemüsebrühe
2 Handvoll gemischte
(Tiefkühl-)Kräuter,
z. B. Petersilie, Schnittlauch,
Basilikum, Dille etc.
250 ml Sauerrahm
(saure Sahne)
1 EL Dinkelmehl

Für die Serviettenknödel die Semmelwürfel (Knödelbrot) mit der Milch übergießen, durchmischen, kurz ziehen lassen. Die restlichen Zutaten unterrühren. In einem großen Topf Wasser zum Kochen bringen.
Eine Stoffserviette (oder einen anderen Baumwollstoff, ca. 30 x 30 cm bis max. 40 x 40 cm) aufbreiten, aus der Knödelmasse eine längliche Stange formen, einrollen und mit einem Faden auf beiden Enden fest verknoten. Auch in der Mitte der Stange einen Faden 2 Mal herumschlingen und verknoten. Serviettenknödel in das kochende Wasser einlegen und 10 Minuten kochen lassen, weitere 10 Minuten dann zugedeckt auf der abgeschalteten Herdplatte ziehen lassen. Herausnehmen, auswickeln und in 1 bis 2 cm breite Scheiben schneiden.
Für die Soße Zwiebel klein hacken, in Olivenöl anbraten, mit Gemüsebrühe aufgießen, klein geschnittene Kräuter zugeben und kurz einkochen. Topf von der Herdplatte nehmen. Sauerrahm (saure Sahne) mit Mehl glatt rühren und in die Soße einrühren, unter ständigem Rühren nochmals aufkochen lassen.

Tipp: Übrig gebliebene Knödel können als **Knödel mit Ei** nochmals serviert werden: Knödel anbraten, mit versprudeltem Ei übergießen, stocken lassen, mit Schnittlauch bestreut servieren.

Rucola-Risotto

200 g Rucola
1 kleine rote Zwiebel
2 Knoblauchzehen
1 EL Olivenöl
200 g Risottoreis
500 ml Gemüsesuppe
80 ml Weißwein

Rucola in feine Streifen schneiden. Zwiebel und Knoblauch klein hacken und in Olivenöl glasig braten, Reis zugeben, kurz rösten und mit einem Viertel der Suppe aufgießen, Rucola einrühren.
Reis unter ständigem Rühren leicht kochen, bis die Suppe verkocht ist. Restliche Suppe heiß zugießen und Wein nach und nach dazugeben.

12. MÄRZ

Käsespätzle

Zutaten für 4 Portionen

Für den Spätzleteig:
600 g Dinkelmehl
4 Eier
500 ml Milch
50 g weiche Butter
Salz
100 ml Rapsöl

Außerdem:
1 Zwiebel
3 EL Olivenöl
350 g geriebener Mozzarella
oder Gratinkäse

Die Zutaten des Spätzleteigs mit einem Handmixgerät gut verrühren.
In einem großen Topf 1 l Wasser zum Kochen bringen und salzen.
Ein Spätzlesieb über den Topf legen und den Teig mit einer Teigkarte durch das Sieb drücken. Die Spätzle siedend ca. 5 Minuten kochen, bis sie oben schwimmen.
Für Käsespätzle die Zwiebel klein schneiden und kurz in einer heißen Pfanne mit 3 EL Olivenöl anbraten. Die Spätzle zugeben und kurz darauf den geriebenen Käse. So lange braten, bis der Käse Fäden zieht.

Tipp: Für **Kräuterspätzle** fügen Sie gehackte Kräuter zum Spätzleteig hinzu. Kräuterspätzle schmecken als Beilage zu Hauptgerichten oder auch als Suppeneinlage.

13. MÄRZ

Gemüsesuppe mit Dinkelknöderln

Zutaten für 4 Portionen

Für die klare Suppe:
1 l Wasser
2 – 3 Karotten im Ganzen
1 Sellerie im Ganzen
Suppenwürze

Für die Knöderln:
4 EL Dinkelmehl
1 EL Brösel (Paniermehl)
1 Eigelb
1 Ei
1 TL (Tiefkühl-)Basilikum
oder andere Kräuter
Salz

Für die klare Suppe in einem Topf Wasser zum Kochen bringen und das Gemüse 5 Minuten mitkochen. Auf der heißen Kochplatte noch 15 Minuten ziehen lassen.
Für die Knöderln alle Zutaten gut verrühren und mit einem nassen, kleinen Löffel kleine Knödel formen. In die kochende Suppe (klare Suppe) geben und kurz mitkochen lassen.
Die Knöderln sind fertig, wenn sie oben schwimmen.

VEGAN-Tipp: Ersetzen Sie die Eier im Knödel-Rezept durch 1 EL geriebenen Leinsamen und 2 EL Kartoffelmehl. Beide Zutaten verrühren Sie mit wenig Wasser.

Mediterrane Hummus-Vorspeise VEGAN

Zutaten für 4 Portionen

250 g Kichererbsen,
aus der Dose
2 Knoblauchzehen
1 Prise Kreuzkümmel
1 TL edelsüßes Paprikapulver
2 EL (Tiefkühl)-Petersilie
5 EL Olivenöl
Salz
3 EL Sesampaste (Tahin)
Saft von 3 Bio-Zitronen

Kichererbsen in einem Sieb abbrausen und abtropfen lassen. Knoblauch schälen. Kichererbsen, Knoblauch und Gewürze mit dem Pürierstab mixen, bis eine geschmeidige Masse entsteht, Zitronensaft und Tahin zufügen. Falls die Masse zu trocken ist, etwas Wasser zufügen.

Dazu passen – je nach Saison – Brotscheiben, diverse Blattsalate oder Tomatensalat.

15. MÄRZ

Crumble mit Äpfeln

Zutaten für 1 Crumble

500 g Äpfel
Saft von 1/2 Bio-Zitrone
2 TL Zimt
2 EL Rohrzucker
100 g pflanzliche Margarine
200 g Dinkelmehl
100 g Rohrzucker

Den Backofen auf 200 Grad vorheizen.
Äpfel schälen, Kerngehäuse entfernen und in Spalten schneiden und mit Zitronensaft beträufeln. Eine flache Auflaufform (ca. 20 x 15 cm) mit Margarine einfetten, die Äpfel dicht schichten, mit Zimt und 2 EL Rohrzucker bestreuen. Margarine in Würfel schneiden, Mehl und Zucker zufügen und das Ganze zu Streuseln verkneten und über die Äpfel geben. Im Backofen auf der unteren Schiene bei 200 Grad etwa 30 Minuten backen.

Tipp: Probieren Sie einmal – je nach Saison – Pflaumen oder Kirschen statt Äpfel.

16. MÄRZ

Lauchkuchen mit Schafskäse

Zutaten für 1 Kuchen

1 Zwiebel
2 Lauchstangen
8 EL Olivenöl
50 g Butter
125 g Dinkelmehl
1/2 TL Weinsteinbackpulver
3 – 4 Eier
200 g Sauerrahm
(saure Sahne)
300 g Schafskäse
125 g geriebener Gruyère
Salz
Pfeffer
EL gehackte
(Tiefkühl-)Petersilie
Schwarze Oliven zum
Garnieren

Den Backofen auf 180 Grad vorheizen.
Zwiebel und Lauch in Ringe schneiden. Öl und Butter in einer Pfanne erhitzen und Zwiebel- und Lauchringe darin bei geringer Temperatur etwa 10 Minuten dünsten. Pfanne vom Herd nehmen und das Gemüse abkühlen lassen. Eine Springform (24 cm Durchmesser) einfetten. Mehl mit Backpulver mischen. Eier, Sauerrahm (saure Sahne), Petersilie, Schafskäse und Gruyère unter das Mehl mischen, alles gut verrühren und mit Salz und Pfeffer abschmecken.
Die Käsemasse in die Springform geben und im Ofen etwa 40 Minuten backen. Mit Oliven garniert heiß servieren.

17. MÄRZ

Gemüsesuppe mit Eistich

Zutaten für 4 Portionen

4 Eier
1 l Gemüsebrühe
5 EL frisch geriebener
Parmesan
Salz
Pfeffer
1 Prise geriebene Muskatnuss

Eier mit Schneebesen in einer Schüssel schaumig schlagen, 125 ml Suppe und den Parmesan unterrühren, mit Salz, Pfeffer und Muskatnuss würzen. Restliche Suppe aufkochen, kurz vom Herd nehmen und die Eiermasse unter ständigem Rühren mit dem Schneebesen in die Suppe einlaufen lassen. Topf zurück auf den Herd stellen und nochmals 5 Minuten schwach kochen lassen, bis kleine Eierflöckchen entstehen. In Suppentassen servieren und frisches Weißbrot dazu reichen.

18. MÄRZ

Nest-Schokokuchen

Zutaten für 1 Kuchen

Für den Teig:
250 g gehackte
Bitterschokolade
125 g weiche Butter
6 Eier, 4 davon getrennt
175 g feiner Rohrzucker
(100 g für Eischnee,
75 g für die Eigelb-Mischung)
10 g Bourbon-Vanillezucker

Für die Schokoladencreme:
125 g gehackte
Bitterschokolade,
125 g Mascarpone
125 g Schlagsahne
10 g Bourbon-Vanillezucker

Zum Dekorieren:
Kleine Schokoladeneier
oder Ähnliches

Den Backofen auf 180 Grad vorheizen.
Den Boden einer Springform (24 cm Durchmesser) mit Backpapier belegen, den Rand der Form aber auf keinen Fall einfetten.
Für den Teig Schokolade mit Butter im Wasserbad schmelzen, leicht abkühlen lassen. Eiweiß von 4 Eiern zu Schnee schlagen, 100 g Zucker unterrühren, bis der Schnee glänzt und beim Herausziehen des Schneebesens Spitzen stehen bleiben. In einer zweiten Schüssel die 2 ganzen Eier und 4 Eigelb mit 75 g Zucker und Vanillezucker verrühren. Behutsam die Schokomischung unter die Ei-Zucker-Creme ziehen und anschließend den Eischnee portionsweise einrühren. Teig in die Form füllen und 35 bis 40 Minuten backen, bis er aufgegangen ist, Risse zeigt und die Mitte sich nicht mehr wabbelig anfühlt. Kuchen auf einem Kuchengitter auskühlen lassen. Dass der Kuchen dabei in der Mitte einsinkt und seitlich Stücke abplatzen, ist kein Problem, sondern sogar erwünscht!
Für die Schokoladencreme Schokolade schmelzen, etwas abkühlen lassen. Schlagsahne steif schlagen, Mascarpone cremig rühren, beides vermischen, Vanille und Schokolade unterziehen. Schokocreme in die Kuchenmulde füllen und zum Rand hin verstreichen.
Die Schokoladeneier oder Ähnliches darauf verteilen.

19. MÄRZ

Fleischloses Gulasch

Zutaten für 4 Portionen

500 g Zwiebeln
2 EL Olivenöl
500 g Sojaschnetzel
oder Kartoffeln
4 EL edelsüßes Paprikapulver
1 TL gemahlener Kümmel
2 EL getrockneter Majoran
1/2 TL gemahlener Rosmarin
1 Prise Salz

Zwiebeln klein schneiden und in Olivenöl anschwitzen, geschälte und in Würfel geschnittene Kartoffeln oder Sojaschnetzel zugeben, mit Paprikapulver bestäuben, kräftig durchmischen und mit Wasser bedecken. Mit den restlichen Gewürzen abschmecken und zugedeckt 20 Minuten kochen lassen.
Dazu passen Spätzle, Pasta oder dunkles Brot.

Tipp: Paprikapulver enthält Capsaicin und dieses steigert die Herzleistung.

20. MÄRZ

Grüner smoothie

Zutaten für 1 Glas

1/3 Blattgrün
1/3 Obst
1/3 Wasser

Vogerlsalat, Grünkohl, Karottengrün oder Spinat, aber auch Wildkräuter wie Brennnessel, Löwenzahn oder Schafgarbe machen sich in jedem Smoothie gut. Optimal ist, wenn Sie die Lebensmittel verwenden, die gerade saisonal wachsen. Zum Süßen wird frisches Obst wie Bananen, Äpfel, Birnen, Pfirsiche etc. verwendet.
Experimentieren können Sie mit dem Zugeben von Ingwer, Stangensellerie, Brokkoliröschen, Kresse oder Rettich.
Nicht verwenden sollten Sie Sprossen von Hülsenfrüchten, jegliche Fette oder auch Molke-Erzeugnisse.

Tipp: Damit die Zellulose im Grünzeug wirklich aufgebrochen wird und die vielen Inhaltsstoffe aus Blattgrün und Co freigesetzt werden können, sollte der Mixer mindestens 30.000 Umdrehungen pro Minuten schaffen (500 pro Sekunde). Damit ist sichergestellt, dass die nahrhaften Vitalstoffe nicht mit den schwer verdaulichen Pflanzenfasern wieder ausgeschieden werden, sondern direkt vom Körper aufgenommen werden können.

Bunter Salat mit Gänseblümchen VEGAN

Zutaten für 4 Portionen

Für den Salat:
1 grüner Salatkopf
50 g Maiskörner,
aus dem Glas
1 Handvoll
Gänseblümchen

Für die Marinade:
1 EL Kürbiskernöl
1 TL Dijon-Senf
2 EL Wasser
1 EL Weingeistessig

Den Salat waschen, in mundgerechte Stücke zupfen und zusammen mit den Maiskörnern mischen. Für die Marinade Kürbiskernöl, Dijon-Senf, Wasser und Weingeistessig in einer Tasse verrühren und über den Salat gießen. Kurze Zeit ziehen lassen. Die weißen Blütenblätter der Gänseblümchen über den Salat streuen. Je nach Saison können Sie den Salat mit buntem Paprika, Gurken etc. ergänzen.

Tipp: Gänseblümchen (Bellis perennis) wirken gut gegen Kopfschmerzen und gegen die Frühjahrsmüdigkeit!

Brennnessel-Risotto VEGAN

Zutaten für 4 Portionen

1 Schalotte
40 EL Olivenöl
200 g Risottoreis
500 ml Gemüsebrühe
2 Knoblauchzehen
Salz
Pfeffer
1 Prise geriebene Muskatnuss
200 g Brennnesselspitzen und
zarte Blätter
125 ml Weißwein
125 ml pflanzliche Sahne

Zwiebel klein hacken und in Olivenöl anrösten, Reis beifügen, mit Suppe aufgießen und einmal aufkochen lassen. Klein gehackten Knoblauch und restliche Gewürze dazugeben, auf kleiner Flamme 15 Minuten köcheln lassen, dabei öfters umrühren.
Wein aufkochen, Brennnesselspitzen und -blätter fein hacken. Anschließend zum aufgekochten Wein geben und ohne Hitze kurz zugedeckt dampfen. Brennnessel samt Sud zum Reis geben und auf kleiner Flamme fertig garen. Zum Schluss die Sahne einrühren.

23. MÄRZ

Linzer Torte

Zutaten für 1 Torte

240 g weiche Butter
240 g Rohrzucker
2 TL Bourbon-Vanillezucker
4 Eier
380 g Dinkelmehl
180 g geriebene Mandeln
6 g Zimt
10 g Weinsteinbackpulver
ca. 160 g Ribiselmarmelade
(Johannisbeerkonfitüre)

Den Backofen auf 170 Grad vorheizen.

Butter, Zucker, Vanillezucker und Eier 5 Minuten mit der Küchenmaschine schlagen, Dinkelmehl und Mandeln einrieseln lassen, Zimt und Backpulver dazugeben und gut vermischen. Zwei Drittel der Masse in eine befettete Tortenform (24 cm Durchmesser) füllen und mit Marmelade (Konfitüre) bestreichen. Mit der restlichen Kuchenmasse mithilfe eines Dressiersacks ein Kuchengitter auf die Marmelade aufspritzen.

Im vorgeheizten Backofen bei 170 Grad 45 bis 55 Minuten backen.

Tipp: Bereiten Sie den Kuchen auch einmal ohne Zimt in einer Kastenform zu, halbieren Sie ihn anschließend und füllen Sie ihn mit Marillenmarmelade (Aprikosenkonfitüre).

24. MÄRZ

Limetten-Kartoffel-Suppe

VEGAN

Zutaten für 4 Portionen

1 Zwiebel
1 EL Olivenöl
150 g mehlige Kartoffeln
300 ml Gemüsesuppe
Saft und Abrieb von
1 Bio-Limette
2 EL pflanzliche Sahne
Salz
Pfeffer
1 EL Petersilie

Zwiebel klein schneiden und in Olivenöl anrösten. Kartoffel schälen und würfeln und zur Zwiebel zugeben, kurz mitschwenken.

Mit Suppe aufgießen, ca. 10 Minuten köcheln lassen. Limettensaft und -schalenabrieb gemeinsam mit der Sahne einrühren, salzen, pfeffern und mit dem Stabmixer aufmixen. Mit gehackter Petersilie bestreut servieren.

Spaghetti mit Austernpilzen

Zutaten für 4 Portionen

400 g Dinkelspaghetti
2 EL Olivenöl
1 Frühlingszwiebel
250 g Austernpilze
150 ml Wasser
1 Suppenwürfel
Petersilie
Schnittlauch
250 g Sauerrahm
(saure Sahne)
2 EL Dinkelmehl

Spaghetti in reichlich Salzwasser al dente kochen.
Zwiebel klein schneiden. In einer Pfanne das Olivenöl erhitzen,
die Zwiebel kurz anbraten. Die gewaschenen Austernpilze in kleine
Stücke reißen (nicht schneiden!) und mitbraten. Mit 150 ml Wasser
ablöschen, Suppenwürfel, Petersilie und Schnittlauch zugeben,
einige Minuten einköcheln lassen. Sauerrahm (saure Sahne) mit
Mehl vermengen. Pfanne von der Herdplatte nehmen und die
Rahm-Mehl-Mischung unterrühren. Unter ständigem Rühren die
Soße noch einmal kurz aufkochen. Mit den Nudeln vermengen.
Dazu kann – je nach Saison – ein bunter Salat gereicht werden,
z. B. ein bunter Eisbergsalat mit Radieschen, Mais und Kernöl.

Farfalle mit Käsesoße

Zutaten für 4 Portionen

400 g Farfalle
1 Zwiebel
4 Blätter getrockneter Salbei
50 g Mozzarella
50 g Gorgonzola
50 g Brie
50 g Gouda
2 EL Olivenöl
100 ml Schlagsahne
Salz
Pfeffer

Farfalle bissfest kochen. Zwiebel fein hacken. Salbei in feine Streifen
schneiden. Käse in grobe Stücke zerteilen. Olivenöl in einem Topf
erhitzen, Zwiebelwürfel glasig braten, Sahne zugießen, Käse unter
Rühren bei schwacher Hitze schmelzen lassen, salzen und pfeffern.
Farfalle anrichten und mit der Soße übergießen.

27. MÄRZ

Kräutersuppe

Zutaten für 4 Portionen

60 g Rapsöl
1 kleine Zwiebel
60 g Dinkelmehl
1 l Wasser
150 – 200 g fein gehackte
(Tiefkühl-)Kräuter
1 Msp. gemahlener Kümmel
Salz

Rapsöl erhitzen, Zwiebel fein hacken und goldgelb rösten, Dinkelmehl darüberstreuen, mit Wasser aufgießen, zwei Drittel der Kräuter hinzufügen und gut verkochen lassen. Die Suppe mit dem Pürierstab pürieren. Kurz vor dem Anrichten das letzte Drittel der Kräuter hinzufügen, würzen.

Weißkohlsaft mit Apfel und Karotte (VEGAN)

Zutaten für 1 bis 2 Gläser

1/4 Weißkohl
2 – 3 Äpfel
1 – 2 geschälte Karotten

Obst und Gemüse entsaften,
eventuell mit Sanddornmus noch süßen.

Kartoffel-Blini mit Basilikumsoße und Salat

Zutaten für 4 Portionen

Für die Blini:
160 g gekochte,
geschälte Kartoffeln
2 Eier
20 g weiche Butter
1 Msp. geriebene Muskatnuss
Rapsöl zum Ausbacken

Für die Soße:
250 g Sauerrahm
(saure Sahne)
250 g Naturjoghurt, 1 % Fett
2 EL (Tiefkühl-)Basilikum
1 TL Senf
1 TL Mayonnaise

Für den Salat:
Eisberg-, Kopf-
und/oder Feldsalat
100 g Mais, aus dem Glas
(Tiefkühl-)Basilikum

Für die Marinade:
1 TL Senf
2 EL Weingeistessig
1 EL Olivenöl
Etwas Wasser

Für die Blini alle Zutaten in ein hohes Gefäß geben und mit dem Pürierstab gut pürieren. In einer Pfanne Rapsöl erhitzen, mit einem Teelöffel kleine Teigplätzchen ins Fett setzen und breit drücken. Auf beiden Seiten unter mehrmaligem Wenden goldbraun braten. Auf einem Teller mit Küchenpapier abtropfen lassen und zugedeckt warm halten (z. B. auf der noch heißen, aber nicht mehr benötigten Herdplatte). Salat waschen und in kleine Teile schneiden oder reißen. Mais und Basilikum hinzufügen. Für die Marinade den Senf in ein Glas geben, Weingeistessig, Olivenöl und Wasser hinzugeben, mit einer Gabel gut verquirlen und über den Salat gießen. Für die Soße alle Zutaten cremig rühren und mit Basilikum abschmecken.
Den Salat auf Tellern anrichten, die Blini in die Mitte setzen und mit einem Klacks Soße garnieren.

Tipp: Kürbiskernöl passt gut zum Salat.

30. MÄRZ

Petersilienschaumsuppe

Zutaten für 4 Portionen

300 g Petersilienwurzeln
3 EL Olivenöl
1/2 l Wasser
1 Suppenwürfel
30 g gezupfte Petersilie
1 Prise geriebene Muskatnuss

Die geputzten und grob geschnittenen Petersilienwurzeln im Olivenöl kurz anbraten und mit Wasser aufgießen. Suppenwürze dazugeben und das Gemüse zugedeckt weich kochen. Petersilie erst kurz vor dem Pürieren hinzufügen. Mit einem Stabmixer mixen und mit Muskatnuss abschmecken.

Tipp: Zur Verfeinerung etwas pflanzliche Sahne einrühren.

31. MÄRZ

Orientalische Reispfanne

Zutaten für 4 Portionen

180 g Reis
600 ml Gemüsebrühe
1 TL Currypulver
1 Zwiebel
2 EL Rapsöl
80 g Tiefkühl-Erbsen
60 g Pfirsiche, aus dem Glas
80 g Gemüsemais,
aus dem Glas
80 g Bambussprossen,
aus dem Glas
80 g Sojabohnenkeime,
aus dem Glas
60 g Ananasstücke,
aus dem Glas
200 g Tomatenstücke,
aus dem Glas
Pfeffer
Salz
1 TL edelsüßes Paprikapulver

Reis in der Brühe ca. 20 Minuten garen, mit Currypulver würzen. Zwiebel in Würfel schneiden. Öl erhitzen, Zwiebel andünsten. Erbsen zufügen und alles unter gelegentlichem Rühren 5 Minuten braten. Pfirsiche in Stücke schneiden und zusammen mit Mais, Sprossen, Keimen, Ananas und Tomaten in die Pfanne geben, Reis unterheben und die Reispfanne mit Pfeffer, Salz und Paprikapulver abschmecken.

April

Der Tipp für den Monat April

Trinken Sie 3 Wochen lang Löwenzahnwurzeltee! Stechen Sie die Wurzeln selbst in Ihrem Garten aus (beste Qualität, aber sehr mühsam!) oder kaufen Sie die Wurzeln in der Apotheke Ihres Vertrauens oder im Drogeriemarkt. Die Bitterstoffe des Löwenzahns aktivieren Leber, Galle und Nieren, sie reinigen das Blut und regen den Stoffwechsel an.

Zusätzlich tun Sie Ihrem Körper Gutes, wenn Sie 2 bis 3 Mal pro Woche Ihren Salat mit frischen Löwenzahnblättern aufpeppen! (Für Kinder nur die gelben Blütenblätter verwenden, ebenso für empfindliche Personen, denn der weiße Milchsaft in den Stängeln kann bei Übergenuss zu Gallenkoliken führen.)

1. APRIL

Frühlingssalat

Zutaten für 4 Portionen

Für den Salat:
3 Handvoll Rucola
1 Bund Radieschen
200 g Ziegen- oder
Schafsfrischkäse (Rolle)

Für die Marinade:
Olivenöl
Kräuteressig
Salz
Pfeffer

Für den Salat die Radieschen waschen und in feine Blätter schneiden. Den Rucola waschen und trocken schleudern. Den Ziegenkäse in ca. 1 cm dicke Scheiben schneiden. Den Salat anrichten, den Käse nach Geschmack salzen und pfeffern. Die Zutaten für die Marinade verrühren und über den Salat gießen.

VEGAN-Tipp: Ziegen- oder Schafsfrischkäse durch **veganen Mozzarella** (siehe Seite 27) oder **veganen Pizzakäse** ersetzen!

Veganer Pizzakäse: 2 EL Öl (Sonnenblumen- oder Rapsöl) mit 1 Pkg. Sojasahne in einem Topf unter Rühren erhitzen, bis eine zähe Masse entsteht. Aber nicht kochen.

Brokkolilaibchen

Zutaten für 4 Portionen

200 ml Gemüsebrühe
200 g Couscous
1 kleine Zwiebel
2 EL Olivenöl
400 g (Tiefkühl-)Brokkoli
150 g gemahlene Mandeln
2 Eier
4 Msp. edelsüßes
Paprikapulver
Salz
Pfeffer
Rapsöl zum Ausbacken

Für die Laibchen die Suppe aufkochen, Couscous einrieseln lassen und von der Herdplatte nehmen. 10 Minuten quellen lassen. In der Zwischenzeit Zwiebel schälen, fein würfeln. Olivenöl erhitzen, Zwiebel anrösten, Brokkoli zugeben, ganz wenig Wasser zum Dünsten zugeben, 8 Minuten garen. Anschließend das Gemüse mit Couscous, Mandeln, Eiern und Gewürzen vermengen und kleine Laibchen formen. Rapsöl in einer großen Pfanne erhitzen, die Laibchen einlegen und auf jeder Seite ca. 5 Minuten braten.
Die Laibchen auf Tellern anrichten und mit Salat garniert servieren.

Petersiliencremesuppe VEGAN

Zutaten für 4 Portionen

4 Handvoll Petersilie
500 ml Gemüsebrühe
2 EL Rapsöl
2 Zwiebeln
1 Knoblauchzehe
1 EL Dinkelmehl
100 ml Weißwein
(oder Wasser)
400 g pflanzliche Sahne
Salz
Pfeffer

Petersilie mit 100 ml Suppe fein pürieren.
Rapsöl in einem Topf erhitzen, Zwiebeln und Knoblauch klein schneiden, zugeben und andünsten, mit Mehl bestäuben, kräftig durchmischen und mit Wein (oder Wasser) ablöschen. Restliche Suppe und Sahne zugießen, um ein Drittel einkochen und mit Salz und Pfeffer abschmecken.
Petersiliencreme in die Suppe einrühren, aufkochen und abschmecken.

4. APRIL

Quinoa-Salat

Zutaten für 4 Portionen

2 Tassen Quinoa
4 Tassen Wasser
1/2 TL Suppenwürze
250 g grüner Spargel
4 EL Olivenöl
Etwas Wasser
125 g Kirschtomaten
1 Prise Salz
3 Handvoll Rucola

Quinoa in ein Sieb geben und mit warmem Wasser abbrausen. Wasser zum Kochen bringen, Quinoa und Suppenwürze zugeben, umrühren, aufkochen und zugedeckt auf der abgeschalteten Herdplatte ca. 20 Minuten fertig garen.

Spargel schälen, Enden abschneiden (können für eine Suppengrundlage aufbewahrt werden), Spargel in 2 bis 3 cm lange Stücke schneiden, in einer Pfanne in heißem Olivenöl unter Rühren anbraten. Mit etwas Wasser aufgießen, gerade so viel, dass der Spargel bedeckt ist. Kirschtomaten halbieren. Quinoa und Spargel erkalten lassen. Rucola waschen und in kleine Stücke reißen.

Quinoa mit Spargel vermengen, Kirschtomaten und Rucola zufügen, mit Salz und Pfeffer abschmecken.

5. APRIL

Maisfladen mit Avocado-Creme

Zutaten für 4 Portionen

Für die Maisfladen:
400 g Maismehl
300 ml Wasser
1 TL Salz
1 Prise Chilipulver
1 EL Sonnenblumenöl

Für die Avocado-Creme:
2 Avocados
1 Zwiebel
1 Knoblauchzehe
1 Prise gemahlener Kreuzkümmel
1 Prise Salz
Saft von einer halben Zitrone

Für die Maisfalden Maismehl, Wasser, Salz und Chilipulver gut vermischen und ca. 15 Minuten quellen lassen. Aus dem festen Teig flache Fladen formen und in einer heißen, beschichteten Pfanne langsam nacheinander backen. Die Maisfladen mit der Avocadot-Creme füllen, mit Öl bestreichen und heiß servieren.

Tipp: Nach Belieben können 50 g schwarze Oliven (entkernt) dazugereicht oder klein geschnitten in die Creme untergerührt werden.

6. APRIL

Rhabarber-Kompott

Zutaten für 4 Portionen

2 Stangen Rhabarber
2 TL Bourbon-Vanillezucker
1 EL Puderzucker
1 EL Maisstärke

Rhabarber waschen, in ca. 1 cm dicke Scheiben schneiden, in etwas köchelndes Wasser geben, Zucker zugeben und kochen lassen, bis der Rhabarber weich ist. Mit etwas Maisstärke andicken (gut einrühren!) und mit Zucker gegebenenfalls abschmecken.

Tipp: Für die nicht vegane Variante servieren Sie zum heißen Rhabarberkompott Vanilleeis oder Vanillesoße. Sehr köstlich schmeckt das Kompott auch zu Kaiserschmarren (siehe Seite 21).

7. APRIL

Französischer Baguettesalat

Zutaten für 4 Portionen

Für den Salat:
1 grüner Kopfsalat
3 Frühlingszwiebeln
150 g Baguettebrot
3 – 4 geraspelte Karotten
50 g gehobelter Parmesan
4 EL Olivenöl

Für die Marinade:
7 EL Olivenöl
1 Knoblauchzehe
5 EL Balsamicoessig
1 – 2 TL flüssiger Honig
Salz
Pfeffer

Salat putzen, waschen, trocken schütteln und in mundgerechte Stücke zupfen. Frühlingszwiebeln in dünne Ringe schneiden. Baguette in dünne Scheiben schneiden, halbieren. Olivenöl erhitzen und die Brotscheiben darin auf beiden Seiten anbraten. Die Zutaten für die Marinade vermengen. Salat, Karotten und Zwiebeln unterheben. Salat auf Tellern anrichten und die Brotscheiben dekorativ daraufsetzen. Mit Parmesan bestreuen.

VEGAN-Tipp: Veganer Parmesanersatz und statt Honig 2 EL Kristallzucker verwenden:

Veganer Parmesanersatz:
100 g geschälte, gehackte Mandeln
20 g Semmelbrösel (Paniermehl)
30 g Hefeflocken
Je 1/2 TL Salz und Pfeffer
Die Mandeln ohne Fettzugabe in einer Pfanne anrösten, auf einem Küchentuch ausbreiten und abkühlen lassen. In ein Gefäß geben, restliche Zutaten dazugeben und alles ca. 1 Minute mixen. Diesen Parmesanersatz in einem Schraubglas im Kühlschrank aufbewahren.

Sellerieschaumsuppe

VEGAN

Zutaten für 4 Portionen

300 g Knollensellerie
3 EL Olivenöl
0,75 l Wasser
1 Suppenwürfel
Nach Belieben 1 – 2 EL
pflanzliche Sahne
1 Prise geriebene Muskatnuss

Die geputzten und grob geschnittenen Selleriestücke im Olivenöl kurz anbraten und mit Wasser aufgießen. Suppenwürze dazugeben und den Sellerie zugedeckt weich kochen. Mit einem Stabmixer mixen und nach Belieben pflanzliche Sahne einrühren. Mit Muskatnuss abschmecken.

APRIL

9. APRIL

Eiaufstrich

Zutaten für 4 Portionen

3 Eier
500 g Topfen (Quark)
2 EL Mayonnaise
1 TL Senf
125 g Naturjoghurt
1 TL klein gehackte Petersilie
1 TL klein geschnittener
Schnittlauch

Eier in einen Topf mit kaltem Wasser legen, auf die Herdplatte stellen und ab dem Aufkochen 5 Minuten kochen; unter fließendes kaltes Wasser stellen und einige Minuten auf diese Weise erkalten lassen. In der Zwischenzeit Topfen (Quark), Mayonnaise, Senf und Naturjoghurt verrühren, mit Petersilie und Schnittlauch würzen. Die Eier schälen und in kleine Stücke schneiden, unter die Aufstrichmasse mengen und 15 Minuten durchziehen lassen. Eventuell mit Salz und Pfeffer nachwürzen.

Tipp: Dieser Aufstrich passt hervorragend zu Vollkorngebäck.

10. APRIL

Topfennockerl

Zutaten für 4 Portionen

Für die Nockerlmasse:
50 ml Rapsöl
150 g Dinkelgrieß
2 Eier
500 g Topfen (Quark)
1 Prise Salz
Olivenöl und Salz für das
Kochwasser

Für die Mohn-Zucker-Mischung:
150 g geriebener Mohn
Staubzucker (Puderzucker)
nach Belieben

Die Zutaten für die Nockerl mit einem Handmixgerät gut verrühren. Einen großen Topf mit Wasser zum Kochen bringen, salzen und etwas Olivenöl beimengen. Mit einem kleinen Löffel Nockerl stechen und ins kochende Wasser geben. Die Nockerl so lange kochen, bis sie oben schwimmen. Herausheben und mit der Mohn-Zucker-Mischung bestreut servieren.

Tipp: Statt mit der Mohn-Zucker-Mischung können Sie die Nockerl auch mit Butterbröseln reichen.

Farfalle mit Bärlauch-Pesto

Zutaten für 4 Portionen

400 g Farfalle

Für das Pesto:
50 g Bärlauch
30 g geriebener Parmesan
oder Pecorino
1 EL gehackte Pinienkerne
Salz
65 ml Olivenöl

Farfalle in reichlich Salzwasser bissfest kochen, beim Abseihen etwas Nudelwasser zur eventuellen späteren Verwendung auffangen.
Für das Pesto Bärlauch in feine Streifen schneiden und mit Käse, Pinienkernen und Salz fein pürieren (Mörser oder Zerkleinerer).
Das Öl mit einem Schneebesen kräftig einrühren. Die Farfalle in einer großen Pfanne mit dem Pesto gut vermischen, eventuell etwas Nudelwasser zugeben.

Sojabohnensalat

Zutaten für 4 Portionen

Für den Salat:
300 g (Tiefkühl-)Sojabohnen
1 EL Olivenöl
1 in Scheiben geschnittene
Knoblauchzehe
Abrieb von 1 Bio-Zitrone
1 EL gehackte Kräuter,
z. B. Petersilie, Dille, Schnittlauch, Basilikum, Minze etc.
100 g Schafskäse

Für die Marinade:
1 EL weißer Balsamico
3 EL Olivenöl
Salz
Pfeffer

Außerdem:
2 EL gehobelter Parmesan

Für den Salat Sojabohnen 5 Minuten in Salzwasser kochen, abseihen. Olivenöl erhitzen, Knoblauchzehe und Zitronenabrieb darin schwenken, in eine große Schüssel umfüllen und mit Kräutern, Sojabohnen sowie zerpflücktem Schafskäse vermengen. Für die Marinade Essig, Öl, Salz und Pfeffer verrühren, Salat damit marinieren, vor dem Servieren mit dem Parmesan bestreuen.

13. APRIL

Biskuit-Topfen-Türmchen

Zutaten für 15 Stück

Für den Teig:
3 Eier
100 g Rohrzucker
75 g Dinkelmehl
50 g Speisestärke
1 TL Weinsteinbackpulver

Für das Obstmus:
400 g Obst nach Saison
2 TL Agar-Agar
250 g Mascarpone
500 g Topfen (Quark)
100 g Rohrzucker
300 g steif geschlagene
Schlagsahne
1 EL Staubzucker
(Puderzucker)

Den Backofen auf 180 Grad vorheizen.
Für den Teig die Eier trennen, Eiweiß und Zucker steif schlagen.
Eigelb mit Mehl, Stärke und Backpulver unterheben. Die Masse auf
ein mit Backpapier belegtes Backblech streichen und im vorgeheizten
Backofen bei 180 Grad ca. 8 Minuten backen. Stürzen, Backpapier
abziehen und erkalten lassen. Für das Obstmus Obst schälen, in kleine
Stücke schneiden, insgesamt 350 g pürieren (Rest zur Deko aufheben),
leicht erwärmen und Agar-Agar einrühren. Abkühlen lassen. Mascarpone,
Topfen (Quark), Zucker mit dem Obstmus verrühren. 200 g steif
geschlagene Schlagsahne unterheben. Kuchen halbieren, einen
Backrahmen aufstellen, die Creme auf die eine Hälfte des Bodens
geben, den zweiten Boden darauflegen und ca. 4 Stunden kühlen.
Den Kuchen mit Obststücken belegen und mit der restlichen
Schlagsahne verzieren.

14. APRIL

Basensuppe zum Entschlacken VEGAN

Zutaten für 4 Portionen

3 Kartoffeln
1 Karotte
120 g Knollensellerie
1 Prise Cayennepfeffer
1 Scheibe Ingwer
1 l Wasser

Kartoffeln schälen, waschen. Karotte und Sellerie schälen, würfeln.
Das Gemüse in einen Topf geben, mit Wasser aufgießen, aufkochen
lassen und ca. 20 Minuten leicht köcheln lassen. Etwa 5 Minuten
vor Kochende den Ingwer und den Cayennepfeffer zugeben.
Die fertige Suppe kann püriert werden oder auch ohne Gemüse warm
getrunken werden.

Marzipan-Obst

Zutaten für 1 Backblech

120 g Marzipan
2 EL Rum
60 g Staubzucker
(Puderzucker)
Saft und Schale von
1 Bio-Zitrone
4 Eigelb
100 g Topfen (Quark)
40 g Butter
1 Prise gemahlener Zimt
1 EL Vanillepuddingpulver
2 Stk. Obst, nach Saison
4 zerbröselte Butterkekse

Den Backofen auf 180 Grad vorheizen.
Marzipan klein schneiden, mit Rum mischen und mit Zucker, Zitronensaft und -abrieb sowie Eigelb cremig rühren. Topfen (Quark), Butter, Zimt und Puddingpulver dazugeben und so lange rühren, bis eine glatte Masse entsteht. Obst in Spalten schneiden, auf feuerfesten, tiefen Tellern verteilen, mit Keksbröseln bestreuen und die Topfen-Marzipan-Masse auf dem Obst verteilen. Im vorgeheizten Backofen bei 180 Grad ca. 3 bis 5 Minuten überbacken.

Mozzarellasticks mit Kräutern

Zutaten für 8 Sticks

2 Eier
50 ml Wasser
250 g Brösel (Paniermehl)
1 EL getrockneter Oregano
1 EL getrocknetes Basilikum
1 EL frische Petersilie
1/2 TL Knoblauchsalz
150 g Dinkelmehl
30 g Speisestärke
450 g Mozzarella
Rapsöl zum Ausbacken

Eier versprudeln und mit Wasser in einer Schale verrühren.
In einer zweiten Schale die Brösel (Paniermehl) mit den Kräutern und dem Knoblauchsalz mischen, in einer dritten Schale das Mehl und die Speisestärke vermengen. Mozzarella gut abtropfen lassen, trocken tupfen und in dicke Stifte schneiden. Die Käsestifte nach der Reihe in den drei Schalen wenden (1. Ei, 2. Brösel, 3. Mehl) und in heißem Rapsöl goldgelb backen.

Tipp: Dazu schmeckt eine Tomatensalsa oder ein **Kräuterdip** (siehe Seite 14).

Panzanella – italienischer Brotsalat VEGAN

Zutaten für 4 Portionen

Für den Salat:
150 g altbackenes Weißbrot
125 ml Gemüsebrühe
1 Zwiebel
1 Knoblauchzehe
200 g Tomaten
200 g Salatgurke
1 Bund Basilikum

Für das Dressing:
2 EL weißer Balsamicoessig
4 EL Olivenöl
Salz
Pfeffer

Für den Salat Brot würfeln und in der kalten Suppe 15 Minuten einweichen. Zwiebel und Knoblauch schälen und fein hacken. Tomaten kreuzweise einritzen und mit kochendem Wasser überbrühen, danach enthäuten, entkernen und würfeln. Gurken schälen und würfeln. Basilikum in Streifen schneiden, einige Blätter zum Dekorieren beiseitelegen. Essig, Öl, Salz und Pfeffer zu einem feinen Dressing rühren. Brot aus der Brühe nehmen und mit den übrigen Zutaten mischen, Dressing darübergießen.

18. APRIL

Lasagne

Zutaten für 4 Portionen

Lasagneblätter
(am besten ohne Vorkochen)

Für die Soße:
3 EL Olivenöl
300 g Sojaschnetzel
700 g passierte Tomaten
2 Suppenwürfel
100 ml Wasser
Petersilie und Basilikum
1 Prise Kräutersalz

Für die Bechamelsoße:
50 g Butter
60 g Dinkelmehl
500 ml Milch
100 g geriebener Parmesan

Außerdem:
50 g Granablättchen zum
Bestreuen

Den Backofen auf 190 Grad vorheizen.

Für die Soße in einer Pfanne das Olivenöl erhitzen und die Sojaschnetzel darin kross anbraten und mit den passierten Tomaten aufgießen, Wasser und Suppenwürfel zugeben und 5 Minuten köcheln lassen. Eventuell noch etwas Wasser zugeben. Mit gehackter Petersilie, Basilikum sowie Kräutersalz würzen. In der Zwischenzeit für die Bechamelsoße die Butter zerschmelzen, Mehl einrühren und langsam unter Rühren die Milch zugeben, aufkochen lassen und den Parmesan einrühren. Von der Herdplatte nehmen. Eine Auflaufform buttern und mit Lasagneblättern auslegen, Soße darübergießen, dann wieder Lasagneblätter auflegen. So fortfahren, die letzte Schicht sind Lasagneblätter. Die Bechamelsoße darübergießen, mit Granablättchen bestreuen.

Im vorgeheizten Backofen bei 190 Grad 20 Minuten backen, dann weitere 40 Minuten im abgeschalteten Backofen belassen (oder durchgehend im 190 Grad Backofen 40 Minuten).

Mit grünem Salat heiß servieren.

19. APRIL

Gebackener Schoko-Milchreis

Zutaten für 4 Förmchen

2 EL Kakaopulver
3 EL kochendes Wasser
500 ml Milch
10 g Bourbon-Vanillezucker
4 EL Risottoreis
4 EL extrafeiner Rohrzucker
Butter für die Förmchen

Den Backofen auf 150 Grad vorheizen und 1 Backblech in den Ofen geben. 4 feuerfeste Förmchen buttern und bereitstellen.

Kakao am besten in einem Messbecher mit dem heißen Wasser übergießen, rühren, bis sich der Kakao aufgelöst hat, dann die Milch mit Vanillezucker zufügen und umrühren. Diese Mischung auf die 4 Förmchen verteilen. Jeweils 1 EL Reis und Zucker in eine Form geben, umrühren und auf das Backblech im Ofen setzen. Für 30 bis 40 Minuten im Ofen backen. Vor dem Servieren noch eine Weile ruhen lassen.

Rhabarber-Vanillekuchen mit Schneehaube

Zutaten für 1 Kuchen

1,5 kg Rhabarber
8 Eier
200 g Butter
400 g Dinkelmehl
1,5 Pkg. Weinsteinbackpulver
400 g Rohrzucker
3 Pkg. Vanillepudding
1 l Milch

Den Backofen auf 180 Grad vorheizen.
Rhabarber waschen und in ca. 5 cm große Stücke schneiden.
Eier trennen. Eigelb mit Butter, Mehl und Backpulver verrühren, die Hälfte des Zuckers unterrühren. Den Teig auf dem Backpapier aufstreichen. Den Pudding nach Packungsanleitung mit der Milch kochen und gleichmäßig auf dem Teig verteilen, die Rhabarberstücke in den heißen Pudding drücken. Den Kuchen im vorgeheizten Backofen bei 180 Grad 20 bis 30 Minuten backen.
Eiweiß mit dem restlichen Zucker steif schlagen und auf den vorgebackenen Kuchen streichen. Weitere 15 Minuten backen.

Tipp: Für eine Tortenform (26 cm Durchmesser) halbieren Sie die angegebenen Mengen.

Parmesan-Cracker mit Kräutercreme

Zutaten für ca. 25 Stück

Für die Cracker:
100 g Dinkelmehl
1 TL Maisstärke
100 g geriebener Parmesan
60 g Butter
Salz
Pfeffer

Für die Kräutercreme:
100 g Sauerrahm
(saure Sahne)
3 EL gehackte Kräuter,
z. B. Petersilie, Basilikum,
Kerbel, Dille etc.
Saft von 1 Bio-Limette

Den Backofen auf 170 Grad vorheizen.
Für die Cracker Mehl, Maisstärke, Parmesan, Butter, Salz und Pfeffer zu einem glatten Teig verarbeiten, 1 Stunde kalt stellen. Teig 2 mm dünn ausrollen, verschiedene Formen ausstechen (wenn es schnell gehen soll, kann man einfach Quadrate, Rauten oder Ähnliches schneiden) und auf ein mit Backpapier belegtes Backblech legen. Mehrmals einstechen und im vorgeheizten Backofen bei 170 Grad 10 Minuten backen.
Für die Kräutercreme alle Zutaten gut verrühren und die Parmesan-Cracker damit bestreichen.

Tipp: Dieses Käsegebäck können Sie auch ohne Belag – zum Knabbern – reichen.

22. APRIL

Schupfnudeln mit Kirschen VEGAN

Zutaten für 4 Portionen

Für die Schupfnudeln:
500 g Kartoffeln
70 g Dinkelgrieß
4 EL Kartoffel- oder
Maismehl, mit etwas
Wasser gut verrührt
Salz
Geriebener Muskat
Rapsöl zum Ausbacken
Zucker
Zimt

Für das Kirschenragout:
700 g Kirschen, aus dem Glas
3 TL Speisestärke
Nelken- und Zimtpulver

Für die Schupfnudeln Kartoffeln in der Schale garen, abgießen. Die ausgekühlten Kartoffeln schälen und durch die Presse drücken. Mit Stärkemehl, Grieß, Mehl, Salz und Muskat zu einem Teig verkneten. Auf einer bemehlten Fläche eine Rolle formen und kleine Stücke abschneiden. Diese zu Nudeln rollen. Reichlich Salzwasser zum Kochen bringen und die Nudeln darin ziehen lassen. Sie sind gar, wenn sie oben schwimmen. Herausgeben, abtropfen und in etwas Öl goldbraun backen. Zucker mit Zimt vermischen und die Schupfnudeln darin wälzen.
Für das Kirschenragout Kirschen mit 300 ml Wasser (oder dem vorhandenen Saft bei eingelegten Kirschen) kurz aufkochen, mit etwas Stärke mischen und die Kirschen damit binden. Mit Nelken- und Zimtpulver sowie Zucker abschmecken.
Schupfnudeln mit dem Kirschenraguot gemeinsam servieren.

23. APRIL

Himbeerkuchen

Zutaten für 1 Kuchen

500 ml Schlagsahne
150 g Rohrzucker
8 g Bourbon-Vanillezucker
5 Eigelb
5 Eiweiß
50 g Rohrzucker
380 g Dinkelmehl
1 Pkg. Weinsteinbackpulver
100 g geriebene Mandeln
100 ml Rapsöl
300 g (Tiefkühl-)Himbeeren

Den Backofen auf 170 Grad vorheizen.
Schlagsahne, Zucker, Vanillezucker cremig rühren, Eigelb nach und nach zugeben. Eiweiß mit Zucker zu cremigem Schnee schlagen und unter die Masse heben. Das Mehl mit Backpulver und den Mandeln unterrühren, Rapsöl unter Rühren einlaufen lassen. Die Masse auf ein mit Backpapier belegtes Backblech streichen, mit Himbeeren belegen und im vorgeheizten Backofen bei 170 Grad ca. 35 Minuten backen.

Cremige Selleriesuppe mit Croûtons VEGAN

Zutaten für 4 Portionen

250 g Knollensellerie
120 g mehlige Kartoffeln
1 Zwiebel
Rapsöl
75 ml trockener Weißwein
500 ml Gemüsebrühe
Salz
Weißer Pfeffer
5 Stangen Staudensellerie
4 Scheiben Toastbrot
1 – 2 EL Olivenöl
120 ml pflanzliche Sahne
Etwas Selleriegrün zum Garnieren
Etwas Muskat

Knollensellerie und Kartoffeln schälen und klein schneiden.
Zwiebel hacken und im Rapsöl glasig dünsten, Gemüse zugeben, mit Weißwein ablöschen und einkochen lassen. Etwa 400 ml Gemüsebrühe dazugießen, salzen, pfeffern und zugedeckt weich kochen.
Die Staudensellerie in der Zwischenzeit putzen und klein schneiden.
In etwas Rapsöl andünsten, salzen, pfeffern, 100 ml Gemüsebrühe dazugießen und weich garen.
Toastbrot in Würfel schneiden und in Olivenöl goldbraun braten.
Die Sahne zur Sellerie-Kartoffel-Mischung gießen, Suppe pürieren und mit Muskat abschmecken. Die Staudensellerie-Masse auch pürieren.
Die Suppe in Tassen anrichten, mit einem Löffel Staudensellerie-Püree versehen und mit den Croûtons bestreut servieren.

Koriander-Bruschetta mit Chili VEGAN

Zutaten für 1 Baguette

1 Baguette
4 Tomaten
3 Knoblauchzehen
2 Schalotten
1 kleiner Bund Koriander
2 Chilischoten
2 EL Olivenöl
Saft von 2 Bio-Zitronen
Grobes Meersalz

Baguette in schräge Scheiben schneiden und im Backofen bei 200 Grad knusprig toasten. Die Tomaten kurz blanchieren, Haut abziehen, Tomatenfleisch würfelig schneiden. Knoblauch in Scheiben schneiden, Schalotten, Koriander und Chili klein hacken.
Diese Gewürze mit Olivenöl, Zitronensaft und Salz mit den Tomatenwürfeln mischen. Die Tomatenmasse auf den getoasteten Baguettescheiben verteilen. Eventuell mit Olivenöl noch beträufeln.

Topfennudeln mit Mohn

Zutaten für 4 Portionen

50 g Butter
3 Eigelb
Salz
400 g Topfen (Quark)
150 g Dinkelgrieß
150 g geriebener Mohn
Zucker zum Bestreuen nach
Geschmack

Butter und Eigelb schaumig rühren, eine Prise Salz, Topfen (Quark) und Grieß einrühren. Die Masse 10 Minuten rasten lassen.
In der Zwischenzeit einen großen Topf mit Salzwasser zum Kochen bringen, mit befeuchteten Händen aus dem Teig Nudeln wälzen und in das kochende Salzwasser einlegen. Bei leicht wallendem Wasser so lange ziehen lassen, bis die Nudeln an der Oberfläche schwimmen. Mit Mohn und nach Geschmack mit Zucker bestreut servieren.

APRIL

27. APRIL

Salatkreationen

Zutaten für 4 Portionen

Für die Salatbasis:
1 Eisbergsalat
2 EL Kürbiskernöl
1 gestrichener EL Dijon-Senf
4 EL Wasser
2 EL Kräuteressig

Für die Variationen:
Zutaten nach Belieben

Salat gut waschen und zerpflücken, mit den restlichen Zutaten in einer großen Schüssel gut vermengen, ziehen lassen. Ergänzen Sie den Salat je nach Geschmack mit:

Variation Gemüse: Je nach Saison mit Karotten, Gurken, Paprika etc.

Variation Eier: Gewünschte Anzahl von Eiern in einem Topf mit kaltem Wasser ohne Deckel zum Kochen bringen und noch 4 Minuten weiterkochen, kurz kalt abschrecken, schälen, auskühlen lassen, klein schneiden.

Variation Sprossen und Radieschen: Sojasprossen und Radieschen sind wahre Vitaminbomben, reich an Mineralstoffen und Eiweiß. Einfach waschen und die Radieschen klein schneiden.

Variation Käse (nicht vegan): Die Klassiker unter den Salatkäsewürfeln sind Schafskäse, Bergkäse oder Gouda. Aber auch Ziegenkäsebällchen schmecken köstlich.

Variation Croûtons: Brotwürfel aus Schwarz- oder Weißbrot werden in Olivenöl kurz rundum angebraten. Sie können nach Belieben noch Curry oder Paprikapulver darüberstreuen. Oder einfach mit Pfeffer würzen.

Variation Kerne und Nüsse: Streuen Sie – gehackt oder im Ganzen – Mandeln, Walnüsse, Cashewkerne, Erdnüsse, Haselnüsse, Sonnenblumenkerne, Kürbiskerne etc. über den Salat. Sie können die Nüsse/Kerne auch kurz in Olivenöl braten und dann über den Salat streuen.

28. APRIL

Gorgonzola-Ricotta-Aufstrich

Zutaten für 4 Portionen

100 g Gorgonzola
5 EL Schlagsahne
400 g Ricotta
2 EL gehackte Petersilie
Pfeffer

Alle Zutaten glatt rühren und mit Petersilie und Pfeffer abschmecken.

Tipp: Reichen Sie dazu Vollkornbrotecken und/oder Rohkoststangen (Karotten, Sellerie, Kohlrabi etc.)

29. APRIL

Kaffeecreme-Eclairs

Zutaten für ca. 12 Stück

Für die Eclairs:
250 ml Wasser
60 g Butter
Prise Salz
150 g Dinkelmehl
3 – 4 Eier

Für die Kaffeecreme:
500 ml Schlagsahne
2 EL starker Kaffee
1 Pkg. Bourbon-Vanillezucker
2 TL Agar-Agar

Den Backofen auf 200 Grad vorheizen.
Für die Eclairs Wasser mit Butter und Salz aufkochen, Dinkelmehl auf einmal zufügen und mit dem Kochlöffel so lange rühren, bis sich der Teigkloß vom Topf löst und ein weißer Belag auf dem Topfboden zu sehen ist. Teig in eine Schüssel geben, 1 Ei mit einem Handmixgerät unterrühren, weitere 2 bis 3 Eier einrühren. Der Teig sollte schwer reißend vom Löffel fallen. Teig in einen Spritzbeutel füllen und 8 cm lange Streifen in großen Abständen auf ein mit Backpapier belegtes Blech spritzen.
Die Eclairs im vorgeheizten Backofen bei 200 Grad (keine Umluft!) ca. 20 bis 25 Minuten backen.
Für die Kaffeecreme die Schlagsahne steif schlagen. Kaffee leicht erwärmen, Agar-Agar einrühren, wenn er etwas eindickt sofort tropfenweise zur Schlagsahne geben und den Zucker zugeben.
Die Eclairs mit der Kaffeecreme füllen.

Tipp: Beim Füllen der Eclairs sind Ihnen keine Grenzen gesetzt. Sie können sie beispielsweise mit steif geschlagener Sahne, Buttercreme oder Fruchtmousse füllen.

30. APRIL

Spinatsalat mit Granatapfel

Zutaten für 4 Portionen

100 g Blattspinat
1 Frühlingszwiebel
1 Granatapfel
1 TL Zitronensaft
3 EL Olivenöl
Salz
Pfeffer
25 g Granablättchen

Spinatblätter waschen, in mundgerechte Stücke schneiden.
Zwiebel in feine Ringe schneiden, Granatapfel teilen und die Kerne herauslösen. Zitronensaft mit Öl, Salz, Pfeffer verrühren und mit Spinat, Zwiebel, Granablättchen und Granatapfelkernen verrühren.

VEGAN-Tipp: Granablättchen durch **Parmesanersatz** (siehe Seite 70) ersetzen.

Mai

Der Tipp für den Monat Mai

Jetzt ist Erdbeerzeit! Sofern man nicht allergisch auf Erdbeeren reagiert, sollte man kräftig zulangen: Erdbeeren enthalten gesundheitsfördernde Substanzen wie Vitamin C (Immunabwehr und starkes Bindegewebe), Folsäure (für gesundes Blut) und Kalium (beugt Bluthochdruck vor). Außerdem haben die Erdbeeren eine entschlackende Wirkung.

Schon gewusst? 10 saftige Erdbeeren können manchmal sogar eine Kopfschmerztablette ersetzen, denn die süßen Früchte haben eine ähnlich schmerzstillende Wirkung wie Aspirin.

1. MAI

Feta auf Blattsalaten

Zutaten für 4 Portionen

Für den Salat:
2 Handvoll Kopfsalat
2 Handvoll Rucola
3 Radieschen
400 g Feta (Schafskäse)
Rapsöl zum Braten
100 g Brösel (Paniermehl)
1 Ei
Etwas Basilikum

Für die Marinade:
2 EL Olivenöl
1 TL Senf
2 EL Weingeistessig
4 – 5 EL Wasser

Salat zerpflücken, waschen und auf Küchenpapier trocknen. Das Radieschen fein schneiden und mit dem Salat vermischen. Die Zutaten für die Marinade mit einer Gabel gut versprudeln und über den Salat gießen. Feta in Stangen schneiden, das Ei versprudeln. Feta im Ei und danach in den Bröseln (Paniermehl) wälzen. Die panierten Feta-Sticks im heißen Rapsöl goldgelb knusprig braten, danach auf Küchenpapier abtropfen lassen. Salat auf Tellern anrichten und Feta auf den Salat setzen. Mit Basilikum bestreut servieren.

Spaghetti in Mandelsoße

Zutaten für 4 Portionen

400 g Dinkelspaghetti
100 g geriebene Mandeln
4 EL grob gehackte Mandeln
250 g Ricotta
2 EL frisch geriebener
Parmesan
Muskat
1/2 TL gemahlener Zimt
100 ml Schlagsahne
3 EL Olivenöl
Salz
Pfeffer
2 EL Butter

Spaghetti in reichlich kochendem Salzwasser bissfest kochen, 1 Tasse vom Kochwasser beiseitestellen. Mandeln mit Ricotta, Parmesan, Muskat, Zimt, Schlagsahne und Olivenöl verrühren, etwas Kochwasser zugeben und mit Salz und Pfeffer würzen. Spaghetti abtropfen lassen, mit der Mandelsoße vermengen, Butterflöckchen zugeben und mischen.

Spargelcremesuppe VEGAN

Zutaten für 4 Portionen

500 g weißer (dünner) Spargel
1 EL Olivenöl
1/2 Suppenwürfel
1 Stk. Würfelzucker
125 ml pflanzliche Sahne
2 EL Dinkelmehl

Spargel putzen und in grobe Stücke schneiden. Im Olivenöl kurz anbraten, mit Wasser bedeckt kochen. Einige Spargelspitzen zum Dekorieren beiseitelegen und die Suppe pürieren. Sahne mit Dinkelmehl und 2 EL pürierter Suppe cremig rühren, in die Suppe geben und unter ständigem Rühren kurz aufkochen lassen.
Mit Spargelspitzen dekoriert servieren.

Tipp: Die Suppe mit getoasteten Brotwürfeln bestreuen.

4. MAI

Knusprige Zwiebelringe

Zutaten für 16 bis 20 Stück

3 – 4 große Gemüsezwiebel
300 ml Buttermilch
150 g Mehl
1 TL Backpulver
1/2 TL Speisenatron
1/2 TL edelsüßes
Paprikapulver
1/2 TL Cayennepfeffer
Rapsöl zum Ausbacken

Weil die Ringe richtig groß sein sollen, werden sie nur aus der Mitte der Zwiebel geschnitten. (Restliche Zwiebeln zur anderweitigen Verwendung im Kühlschrank aufbewahren.)
Buttermilch in eine Schüssel gießen. Zwiebeln schälen, die beiden Enden großzügig abschneiden. Das Mittelstück quer in ca. 1 cm dicke Scheiben schneiden, die Ringe behutsam voneinander trennen, sodass sie nicht brechen. Die schönsten Ringexemplare aussuchen, in die Buttermilch legen und am besten für einige Stunden zugedeckt in den Kühlschrank stellen. Mehl mit Backpulver, Natron und den Gewürzen vermengen. Zwiebeln einzeln aus der Buttermilch nehmen, überschüssige Milch abschütteln und die Ringe in der Mehl-Mischung wenden. Zum Antrocknen auf ein Drahtgitter legen. Wenn alle Ringe verarbeitet sind, beginnen Sie nochmals von vorne und wenden alle Ringe nochmals in der Mehl-Mischung. Rapsöl fingerdick in einer Pfanne erhitzen, Zwiebelringe einlegen und beidseits goldgelb kross braten. Zum Abtropfen auf Küchenpapier legen.

5. MAI

Backofen-Pfannkuchen mit Johannisbeeren

Zutaten für 4 Personen

2 Eier
80 g Dinkelmehl
70 ml Rapsöl
60 g Rohrzucker
8 g Bourbon-Vanillezucker
150 ml Milch
350 g rote Ribisel
(Johannisbeeren)
Etwas Butter

Den Backofen auf 180 Grad vorheizen.
Eier verquirlen, Mehl zugeben, Rapsöl, Zucker, Vanillezucker und Milch unterschlagen. Flache Auflaufform (15 x 15 cm) gut befetten, Johannisbeeren verteilen und den Teig darübergießen. Im vorgeheizten Backofen bei 180 Grad ca. 10 Minuten backen, dann einige Butterflocken darüberstreuen und weitere 15 bis 20 Minuten backen.
Sofort servieren.

Mini-Quiches mit Spargel

Zutaten für 6 Quiches

Für den Teig:
300 g Dinkelmehl
150 g weiche Butter
1 Ei
1 Prise Salz
Etwas Wasser

Für den Belag:
300 g grüner Spargel
300 g weißer Spargel
3 Stk. Würfelzucker
10 g Butter
300 g Ziegenfrischkäse
100 g Kirschtomaten
100 ml Schlagsahne
3 Eier
100 g geriebener Parmesan
Salz
Pfeffer
1 Prise Muskat

Den Backofen auf 180 Grad vorheizen.
Für den Teig Mehl, Butter, Ei und Salz verkneten, eventuell etwas Wasser zufügen. In Frischhaltefolie wickeln und 30 Minuten kalt stellen.
Für den Belag die beiden Spargelsorten putzen, die Enden abschneiden, den weißen Spargel ganz schälen, vom grünen Spargel nur das untere Drittel schälen. Alle Spargelstangen in 3 bis 4 cm lange Stücke schneiden. In einem Topf Salzwasser zum Kochen bringen und Würfelzucker und Butter ins kochende Wasser geben. Den weißen Spargel einlegen und nach 3 Minuten den grünen Spargel zugeben. Ca. 3 Minuten kochen lassen, herausheben und abtropfen lassen. Ziegenfrischkäse, Sahne, Eier und geriebenen Parmesan verrühren und mit Salz, Pfeffer und Muskat würzen.
Den Teig in 6 Stücke teilen, auf einer bemehlten Arbeitsfläche die Stücke in Kreise mit ca. 10 bis 12 cm Durchmesser ausrollen und in befettete Quicheförmchen legen. Den Spargel und die Kirschtomaten auf den Teigplatten verteilen, die Käsemasse darübergießen und die Quiches im vorgeheizten Backofen bei 180 Grad ca. 30 bis 40 Minuten goldbraun backen.

Reis-Rucola-Karotten-Salat VEGAN

Zutaten für 4 Portionen

2 Handvoll Rucola
750 g Karotten
Gemüsebrühe
1 Handvoll gekochter Reis
Kürbiskernöl
Etwas (Tiefkühl-)Basilikum
Etwas Salz

Rucola waschen und in kleine Stücke zupfen. Klein geschnittene Karotten in Gemüsebrühe weich kochen und nach dem Erkalten unter den Rucola mischen. Den Reis unterheben und mit Kernöl, Basilikum und Salz abschmecken.

Ofengemüse mit Halloumi

250 g Kartoffeln
2 geraspelte Karotten
1 Gemüsemais, aus dem Glas
Thymian
Rosmarin
Salz
Pfeffer
5 Knoblauchzehen,
mit Schale zerdrückt
250 g Halloumi
Olivenöl
2 EL gehackte Petersilie

Den Backofen auf 180 Grad vorheizen.
Kartoffeln schälen und sehr dünn schneiden und zusammen mit den Karotten und dem Mais in eine mit Olivenöl bepinselte Auflaufform schichten. Mit Thymian und Rosmarin bestreuen, salzen und pfeffern, die Knoblauchzehen darauf verteilen, alles mit Olivenöl beträufeln und im vorgeheizten Backofen bei 180 Grad ca. 45 Minuten backen. Halloumi in ca. 1 cm dicke Scheiben schneiden und in einer heißen Pfanne mit wenig Olivenöl beidseits braten.
Kurz vor dem Backende des Gemüses die Knoblauchzehen entfernen, die Käsescheiben auf das Gemüse legen und mit Petersilie bestreut fertig backen.

Basilikum-Buttermilch-Suppe

1 Zwiebel
3 EL Olivenöl
100 g Kartoffeln
1 Lorbeerblatt
100 ml Milch
200 ml Sauerrahm
(saure Sahne)
300 ml Gemüsesuppe
Salz
1 EL Zitronensaft
40 g Basilikum
100 ml Buttermilch
4 EL Tomatenpesto

Zwiebel fein hacken und in Olivenöl anrösten, geschälte und gewürfelte Kartoffeln zugeben und 3 Minuten mitrösten, Lorbeerblatt, Milch, Sauerrahm (saure Sahne) und Suppe zugeben, mit dem Schneebesen rühren und ca. 20 Minuten köcheln lassen. Das Lorbeerblatt herausnehmen, die Suppe pürieren und mit Salz und Zitronensaft abschmecken. Basilikum fein schneiden, mit der Buttermilch mixen, den Mix in die Kartoffelsuppe geben, nochmals aufmixen und in tiefen Tellern anrichten. Mit je 1 EL Tomatenpesto garniert servieren.

10. MAI

Asia-Nudeln mit Gemüse *VEGAN*

Zutaten für 4 Portionen

1 Pkg. breite Reisnudeln
1 gelber Paprika
300 g Karotten
2 Frühlingszwiebeln
1/2 Brokkoli
40 g gehackte Cashewkerne
3 EL Sojaöl
4 EL Sojasoße
2 EL Koriander

Nudeln nach Packungsanleitung kochen. Paprika und Karotten in Streifen, die Zwiebeln in Ringe schneiden, Brokkoli in Röschen teilen. Das Gemüse und die Cashewkerne in Sojaöl anbraten, mit Sojasoße ablöschen, einige Minuten köcheln lassen, Nudeln unterheben, kurz ziehen lassen, mit gehacktem Koriander bestreut servieren.

11. MAI

Kapernsalat *VEGAN*

Zutaten für 4 Portionen

Für den Salat:
4 kleine Romana-Salatherzen
2 dicke Essiggurken
1 – 2 EL Kapern
2 – 3 EL gehackte Petersilie

Für das Dressing:
2 TL Essigaufguss der Gurken
2 EL Olivenöl
1/2 TL Dijon-Senf

Für den Salat Salatherzen quer in 1 cm breite Streifen schneiden, Gurken würfeln und zusammen mit den Kapern in eine Salatschüssel geben. Für das Dressing Zutaten mit einem Schneebesen verrühren und das Dressing über den Salat träufeln. Durchmischen und auf Tellern anrichten. Mit Petersilie bestreuen.

Tipp: Dieser Salat passt hervorragend zu gebackenem Gemüse oder zu Ofenkartoffeln. Oder einfach auf Brotscheiben (frisch oder getoastet) servieren.

Mozzarella mit scharfer Petersiliensoße

Zutaten für 4 Personen

2 Kugeln Büffelmozzarella
1 lange rote Chilischote,
ohne Samen
6 schwarze Oliven
Abrieb von 1 Bio-Zitrone
1/2 Knoblauchzehe
1 Prise Salz
1 Prise Pfeffer
3 EL natives Olivenöl
2 EL gehackte Petersilie

Die Mozzarellakugeln in etwa 5 mm dicke Scheiben schneiden und auf einer Servierplatte anrichten.

Die Chilischote und die Oliven fein hacken und mit der Zitronenschale und dem zerdrückten Knoblauch mischen, salzen, pfeffern und mit dem Öl zu einer feurigen Soße rühren. Mit dem Löffel die Soße auf den Mozzarellascheiben verteilen. Die feurige Soße bildet einen tollen Farb- und Geschmackskontrast zur milchig-weißen Milde des Mozzarellas.

VEGAN-Tipp: Probieren Sie bei diesem Gericht auch einmal den **veganen Mozzarella** (siehe Seite 27).

Bananen-Kokos-Cookies VEGAN

Zutaten für ca. 15 Stück

70 g Dinkelvollkornmehl
1/2 Pkg. Weinsteinbackpulver
80 g Kokosette
30 g Haferflocken
1 reife Banane
Saft von 1 Bio-Zitrone
Saft von 1 Bio-Orange
1 Prise Zimt
100 g Rapsöl
140 g Rohrzucker
1 EL Kartoffelmehl, mit etwas Wasser verquirlt

Den Backofen auf 180 Grad vorheizen.

Mehl mit Backpulver, Kokosette und Haferflocken vermischen. Banane mit Zitronen- und Orangensaft und Zimt pürieren.

Öl und Zucker schaumig schlagen, Stärke-Wasser-Mischung und die Bananenmasse sowie die Mehl-Mischung zugeben. Zugedeckt bei Zimmertemperatur 30 Minuten rasten lassen. Kleine Kugeln formen und mit Abstand auf ein mit Backpapier belegtes Backblech setzen. Im vorgeheizten Backofen bei 180 Grad ca. 13 Minuten backen.

Tipp: Sie können die Masse auch einfach auf das Backblech streichen und nach dem Backen in ca. 2 cm breite, 8 cm lange Riegel schneiden.

Holundersirup, selbst gemacht VEGAN

Zutaten

500 ml Weißwein
500 ml Wasser
2 Bio-Zitronen
500 g Kristallzucker
20 g Zitronensäure
20 Holunderblütendolden

Wein mit Wasser aufkochen, Zitronen in Scheiben schneiden und mit Zucker und Zitronensäure zugeben. Diesen Fonds über die Holunderblüten gießen und 7 Tage zugedeckt im Kühlschrank aufbewahren. Passieren und in saubere Flaschen abfüllen. Der Sirup ist 3 bis 4 Monate haltbar.

Tipp: Zum Servieren wird der Holundersirup mit Wasser, gerne auch mit kohlensäurehältigem, aufgegossen. Mit Sekt aufgegossen wird der Sirup als Aperitif gereicht.

15. MAI

Eiscreme mit Joghurt und Erdbeeren

Zutaten für 4 Portionen

750 g Erdbeeren
500 g Naturjoghurt
5 EL Staubzucker
(Puderzucker)
250 ml Vanilleeis

500 g Erdbeeren pürieren und unter das Naturjoghurt mixen, zuletzt den Zucker unterrühren. Die Creme in Dessertschalen füllen, mit Eis und 250 g frischen Erdbeeren dekorieren.

16. Mai

Kirsch-Mascarpone-Torte

Zutaten für 1 Torte

Für den Rührteig:
75 g Butter
75 g Zucker
5 Eier
100 g Schokolade
200 g geriebene Mandeln
1 TL Weinsteinbackpulver
2 EL Rum

Für die Creme:
200 g Schlagsahne
60 g Staubzucker
(Puderzucker)
250 g Mascarpone
250 g Topfen (Quark)
Saft und Schale von
1 Bio-Zitrone
125 ml Kirschsaft oder
Wasser
2 EL Maizena
400 g entkernte Kirschen

Für die Dekoration:
Schokoladesplitter, Kirschen
und Mandelblättchen

Den Backofen auf 180 Grad vorheizen.
Für den Rührteig Butter mit Zucker schaumig rühren, Eier nach und nach dazugeben und die Masse glatt rühren. Die Schokolade in einem Topf schmelzen lassen und zur Masse geben. Mandeln und Backpulver sowie den Rum unter den Teig ziehen. Die Masse in eine Springform (26 cm Durchmesser) geben und im vorgeheizten Backofen bei 180 Grad 20 bis 25 Minuten backen. Den Boden erkalten lassen und halbieren. Für die Creme Schlagsahne mit Zucker steif schlagen. Mascarpone, Topfen (Quark) und Zitrone glatt rühren, steif geschlagene Sahne unterheben. Kirschensaft (oder Wasser) aufkochen, Maizena einrühren, 350 g Kirschen unterheben, kurz aufkochen, abkühlen lassen. Nun eine Schicht Mascarpone-Topfencreme auf den Tortenboden geben Kirschen auflegen, nochmals Mascarpone-Topfencreme auftragen, oberen Tortenboden daraufsetzen. Die Oberseite der Torte mit der restlichen Mascarpone-Creme bestreichen und mit Schokosplitter, Mandelblättchen und mit restlichen Kirschen dekorieren.

17. MAI

Warmer Spargelsalat mit Belugalinsen

Zutaten für 4 Portionen

500 g grüner Spargel
Prise Salz
2 Stk. Würfelzucker
2 gehackte Schalotten
1 Lorbeerblatt
Olivenöl
200 g schwarze Belugalinsen
1 EL Weißweinessig
2 EL Olivenöl
Thymian
Salz
Pfeffer
Saft und Schale von
1/2 Bio-Zitrone

Die unteren Enden des Spargels wegschneiden (Heben Sie diese Spargelenden für eine Suppe auf!) und Spargel in Salz-Zucker-Wasser mit Olivenöl kochen. Herausheben, abtropfen lassen. Spargelwasser zur Seite stellen. Schalotten mit Lorbeerblatt in Olivenöl anbraten, Linsen zugeben, mit Spargelwasser bedecken und weich kochen (das Spargelwasser sollte verkocht sein!). Mit Essig abschmecken. Spargelstangen in Olivenöl anbraten, mit den Gewürzen abschmecken und über den Linsen verteilen.

18. MAI

Kohlrabi-Karotten-Gemüse mit Quinoa

Zutaten für 4 Portionen

3 Kohlrabi
250 g Karotten
Suppenwürze
Petersilie
250 g pflanzliche Sahne
3 EL Dinkelmehl
150 g Quinoa
Olivenöl

Das Gemüse in kleine Würfel schneiden, in einer heißen Pfanne in 3 EL Olivenöl rundum kurz anbraten, mit Wasser aufgießen, sodass das Gemüse gut bedeckt ist. Suppenwürze und Petersilie beimengen, 10 bis 15 Minuten kochen lassen. Sahne und Mehl vermischen, Gemüse damit eindicken. Quinoa unter fließendem Wasser waschen und in doppelt so viel Menge Wasser wie Quinoa 15 Minuten kochen lassen.
Quinoa mittig auf Tellern anrichten und mit dem Gemüse übergießen.

19. MAI

Sandwich mit Radicchio und Ei

Zutaten für 8 Sandwiches

1 Kästchen Gartenkresse
1/4 Kopf Radicchio
50 g Mascarpone
100 g Topfen (Quark)
Salz
Pfeffer
1 hart gekochtes Ei
8 Scheiben Vollkornbrot
2 Radieschen

Gartenkresse mit einer Schere vom Wurzelballen schneiden, Radicchioblätter in feine Streifen schneiden. Mascarpone mit Topfen (Quark) verrühren, Salz und Pfeffer zugeben und das Gemüse mit dem klein gewürfelten Ei einrühren. Die Hälfte der Brotscheiben damit bestreichen und mit in Scheiben geschnittenen Radieschen belegen. Die anderen Brotscheiben darauflegen, leicht andrücken. Die Brote diagonal durchschneiden und servieren.

20. MAI

Buchteln mit Vanillesoße

Zutaten für 12 Stück

Für die Buchteln:
2 EL Rapsöl oder
Sonnenblumenöl
250 ml Milch
1 Würfel Hefe
500 g Dinkelmehl
1 Ei
4 EL Zucker
1 Prise Salz
12 TL Marillenmarmelade
(Aprikosenkonfitüre)

Für die Vanillesoße:
750 ml Milch
3 EL Kristallzucker
1 Pkg. Vanillepuddingpulver

Den Backofen auf 180 Grad vorheizen.
Für die Buchteln Öl in einem Topf erhitzen und die Milch zugeben, Hefe mit einem Schneebesen einrühren. Mehl, Ei, Zucker und Salz in eine Schüssel geben, gut verrühren und die Hefe-Milch-Mischung dazugeben. Alles mit dem Mixer bzw. in der Küchenmaschine mit dem Knethaken glatt rühren, bis sich der Teig von der Schüssel löst. Die Schüssel mit einem Tuch zudecken, an einen warmen Ort stellen und ca. 45 Minuten gehen lassen. Den Teig in 12 Teile teilen, die Teigstücke etwas glatt drücken. In die Mitte 1 TL Marmelade (Konfitüre) geben und zuklappen. Eine Auflaufform mit Öl bepinseln und die gefüllten Teigstücke eng aneinander mit der zusammengeklappten Seite nach unten in die Form setzen. Die Buchteln im vorgeheizten Backofen bei 180 Grad ca. 30 Minuten backen. Für die Vanillesoße Milch, Zucker und Vanillepuddingpulver in einen Topf geben, erhitzen und unter ständigem Rühren aufkochen. So lange rühren, bis die Soße etwas eindickt.

Kräuteraufstrich

Zutaten für 4 Portionen

2 Becher Hüttenkäse
1 Pkg. Frischkäse, mit Kren
1 Pkg. Frischkäse, natur
1 TL Senf
Klein geschnittene Kräuter,
z. B. Schnittlauch, Petersilie,
Basilikum etc.

Alle Zutaten cremig rühren, mit Schwarzbrot servieren.

VEGAN-Tipp: Frischkäseaufstrich
1 l Sojadrink, natur
Saft von 1 Bio-Zitrone
Salz
Kräuter

Sojadrink aufkochen, langsam Zitronensaft unterrühren, Topf von der Herdplatte nehmen und weiterrühren, bis die Masse langsam fester wird. Ca. 15 Minuten abkühlen lassen, dann ein Geschirrtuch in ein Sieb legen, um den geronnenen Sojadrink abtropfen zu lassen. Mit Salz und Kräutern würzen.

22. Mai

Pasta mit Safransoße

Zutaten für 4 Portionen

200 g Penne
Für die Soße:
100 g Karotten
100 g Stangensellerie
1 kleine rote Zwiebel
50 g Tiefkühl-Erbsen
1 EL Olivenöl
125 ml Gemüsesuppe
1 Briefchen Safran
125 ml Schlagsahne
1 EL gehackte Petersilie
Salz
Pfeffer
50 g geriebener Pecorino

Penne in Salzwasser bissfest kochen, abseihen, dabei etwas Pennewasser auffangen.
Für die Soße Gemüse in schmale Streifen schneiden, Zwiebel in dünne Ringe schneiden. Zwiebel, geschnittenes Gemüse und die Erbsen in Olivenöl anschwitzen, mit Suppe ablöschen. Safran einstreuen, aufkochen lassen und ca. 5 Minuten leicht kochen lassen. Schlagsahne unterrühren und weitere 3 Minuten schwach kochen. Soße von der Herdplatte nehmen, Petersilie zugeben, mit Salz und Pfeffer abschmecken und mit den Nudeln mischen.
Sollte das Gericht zu trocken sein, etwas Pennewasser zufügen.
Mit Pecorino bestreut servieren.

23. Mai

Eistorte mit Beeren

Zutaten für 1 Torte

Für das Biskuit:

3 Eier
8 g Bourbon-Vanillezucker
60 g Rohrzucker
1 EL Maisstärke
4 EL Dinkelmehl
30 g geschmolzene Butter

Für die Eismasse:

600 g gemischte
Tiefkühl-Beeren
100 g Kristallzucker
2 Eigelb
200 ml Naturjoghurt
2 Eiweiß
1 Prise Salz
500 ml steif geschlagene
Schlagsahne

Den Backofen auf 180 Grad vorheizen.

Für das Biskuit Eier mit Zucker 5 Minuten schaumig schlagen. Maisstärke und Mehl unterziehen, geschmolzene Butter langsam einrühren. In eine befettete Springform (24 cm Durchmesser) füllen und im vorgeheizten Backofen bei 180 Grad ca. 15 Minuten backen. Auskühlen lassen und 2 Mal quer durchschneiden.

Für die Eismasse die Beeren mit 50 g Zucker pürieren. Restlichen Zucker mit Eigelb über Wasserdampf dickcremig schlagen, anschließend die Beeren mit Joghurt unterrühren, abkühlen lassen. Eiweiß mit Salz steif schlagen und zusammen mit der geschlagenen Schlagsahne unter die Beerencreme heben.

Tortenring um den Tortenboden wieder aufsetzen, mit 1/3 der Eismasse befüllen, abwechselnd Biskuit und Eismasse einschichten, mit Eismasse abschließen. 12 Stunden tiefkühlen, 10 Minuten vor dem Servieren aus dem Gefrierschrank nehmen.

24. MAI

Räuchertofu-Aufstrich VEGAN

Zutaten für 250 g Aufstrich

100 g Räuchertofu
1 EL Olivenöl
1 roter Paprika
125 g pflanzliche Sahne
1 Knoblauchzehe
Petersilie
Pfeffer

Tofu schneiden und mit dem Olivenöl pürieren, Paprika fein würfelig schneiden und mit den übrigen Zutaten verrühren, mit Petersilie und Pfeffer abschmecken.

Erdbeer-Mandel-Baiser-Torte

Zutaten für 1 Torte

4 Eier
1 Prise Salz
400 g Rohrzucker
125 g weiche Butter
10 g Bourbon-Vanillezucker
150 g Dinkelmehl
1 TL Weinsteinbackpulver
4 EL Milch
50 g Mandelblättchen
500 g Erdbeeren
275 g Mascarpone
125 g Crème fraîche
4 EL Zitronensaft
200 g Schlagsahne

Den Backofen auf 170 Grad vorheizen.
Eier trennen. Eiweiß, Salz, 200 g Zucker steif schlagen. Eigelb, Butter, 125 g Zucker und 5 g Vanillezucker schaumig schlagen. Mehl mit Backpulver mischen, Milch zugeben. Die Eigelb-Masse mit der Mehl-Mischung behutsam verrühren und die Hälfte des Teiges in eine befettete Springform (24 cm Durchmesser) geben. Darauf die Hälfte des Eischnees streichen, mit Mandelblättchen belegen und ca. 25 Minuten bei 170 Grad backen. Den restlichen Teig danach genauso backen. Erdbeeren putzen, waschen, halbieren, auf Küchenkrepp abtropfen lassen. Mascarpone, Crème fraîche, Zitronensaft und restlichen Zucker verrühren. Schlagsahne steif schlagen und unter die Mascarpone-Creme heben. In der Springform die Erdbeeren auf einem Tortenboden verteilen, Creme darüberstreichen, den zweiten Tortenboden darauflegen und die Torte ca. 1 Stunde kühlen. Die Torte kann noch mit Erdbeeren und Staubzucker (Puderzucker) verziert werden.

Spaghetti mit Kräuterpesto VEGAN

Zutaten für 4 Portionen

300 g Dinkelspaghetti
1 Handvoll Basilikum
2 – 3 EL Olivenöl
1 EL Sonnenblumenöl
1 – 2 EL Kartoffelflocken
1 Prise Salz
1 TL gehackte Pinienkerne
nach Belieben

Die Spaghetti al dente kochen. Das Basilikum klein hacken und in 50 g Olivenöl mit etwas Sonnenblumenöl verrühren. Kartoffelflocken je nach gewünschter Konsistenz einrühren, salzen. Nach Belieben gehackte Pinienkerne dazugeben.

Tipp: Das Pesto eignet sich gut zum Einfrieren bzw. ist auch im Kühlschrank einige Tage haltbar.

Kartoffelgratin

Zutaten für 4 Portionen

8 große Kartoffeln
250 g Sauerrahm
(saure Sahne)
2 Eier
200 g Mozzarella
Salz
Basilikum

Den Backofen auf 180 Grad vorheizen.
Kartoffeln kochen (nicht zu weich kochen!) und schälen, in dünne Scheiben schneiden und in eine mit Backpapier ausgekleidete, feuerfeste Form schlichten. Die Eier mit dem Sauerrahm (saure Sahne) verquirlen, Mozzarella beimengen, mit Salz und klein gehacktem Basilikum würzen und über die Kartoffeln gießen. Im vorgeheizten Backofen bei 180 Grad 25 bis 30 Minuten backen.

Fisolen-Oliven-Eisalat

Zutaten für 4 Portionen

400 g Fisolen
(grüne Bohnen)
4 Eier
75 ml Gemüsebrühe
1 EL Estragonsenf
2 EL Zitronensaft
Salz
Pfeffer
Zucker
3 EL Olivenöl
75 g grüne und
schwarze Oliven
2 Zwiebeln
150 g Römersalat

Die Fisolen (grüne Bohnen) waschen, putzen, halbieren und in Salzwasser 8 bis 10 Minuten kochen, abgießen, kalt überspülen und abtropfen lassen. Eier in einem Topf mit kaltem Wasser ohne Deckel zum Kochen bringen und 4 Minuten kochen lassen. Abschrecken, schälen und erkalten lassen. Gemüsebrühe, Senf, Zitronensaft, Salz, Pfeffer, Zucker verrühren und dann das Öl hinzufügen. Die Zwiebeln in feine Ringe schneiden. Oliven abtropfen lassen.
Salat putzen, waschen, abtropfen und in mundgerechte Stücke zupfen. Alle Salatzutaten mischen.

VEGAN-Tipp: Lassen Sie die Eier weg, so haben Sie ein veganes Gericht.

29. Mai

Topfencreme im Apfel

Zutaten für 4 Portionen

4 rote Äpfel
500 g Magertopfen (Quark)
250 g Naturjoghurt, 1 % Fett
180 g Vanillejoghurt

Die Zutaten cremig rühren, die Äpfel waschen und von oben innen aushöhlen. Das Fruchtfleisch klein schneiden und unter die Topfenmasse (Quarkmasse) mengen. Äpfel damit füllen.

Tipp: Probieren Sie die Creme mit anderem Obst, je nach Saison!

Spargel-Muffins

Zutaten für ca. 20 Stück

500 g grüner Spargel
1 EL Rapsöl
300 g Dinkelmehl
10 g Weinsteinbackpulver
80 g Haferflocken
350 ml Milch
4 Eier
2 EL gehacktes Basilikum
120 g Rapsöl

Den Backofen auf 180 Grad vorheizen.

Die unteren Enden des Spargels abschneiden, restlichen Spargel in 2 cm lange Stangen schneiden und in Rapsöl ca. 3 Minuten anschwitzen, abkühlen lassen. Mehl, Backpulver, Haferflocken und Milch vermischen. Eier und Basilikum 3 Minuten schlagen, Mehlmischung unterrühren, Rapsöl unter Rühren einlaufen lassen. Muffinförmchen zu 2/3 befüllen, Spargelstücke darauf verteilen und bei 180 Grad im vorgeheizten Backofen ca. 20 Minuten backen.

Tipp: Probieren Sie diese köstlichen Küchlein auch mit anderem Gemüse.

Fenchelsalat mit Orangen VEGAN

Zutaten für 4 Portionen

3 Fenchelknollen
2 rote Zwiebel
7 EL Olivenöl
2 Bio-Orangen
1 EL Zitronensaft
1/2 TL Senf
Salz
Pfeffer
3 EL gehackte Mandeln

Fenchelknollen putzen, waschen. Zwiebeln schälen. Fenchel und Zwiebeln in dünne Ringe schneiden. Die Zwiebeln in 1 EL heißem Olivenöl glasig dünsten. Orangen schälen und filetieren, dabei den Orangensaft auffangen. Aus dem aufgefangenen Orangensaft, Zitronensaft, Olivenöl, Senf, Salz und Pfeffer ein Dressing rühren und über den Salat gießen, darüber die gehackten Mandeln streuen.

Juni

Der Tipp für den Monat Juni

Bis zu Johanni (24. Juni) werden Rhabarber und Spargel geerntet, danach soll Rhabarber nicht mehr gegessen werden! Am Johannistag werden grüne, unreife Walnüsse für die Verarbeitung in Nusslikör geerntet. Und das Johanniskraut blüht auf.

Nusslikör: Grüne Nüsse, 80%iger Kornschnaps
Geben Sie die grünen Nüsse halbvoll in ein 3-Liter-Glas und gießen Sie es mit 80%igem Kornschnaps auf. Dieses lassen Sie 8 Wochen auf der Fensterbank in der Sonne im Haus stehen, danach wird der Schnaps abgegossen. Bis zum Advent bleibt er stehen, fertig.

Johanniskraut-Massageöl: Auch das Johanniskraut soll um den 24. Juni gepflückt werden. Für das Massageöl werden die Blüten in Sonnenblumenöl angesetzt und einige Wochen stehen gelassen, bis der dunkelrote Farbstoff der Blüten das Öl rot gefärbt hat.

Das Öl ist ein hervorragendes Massageöl und wirkt auch gegen Sonnenbrand.

Aber Achtung: Dieses Öl darf nicht bei der Einnahme von hormonellen Medikamenten angewendet werden, da das Johanniskraut die Medikamentenwirkung aufheben kann! „Johanniskraut fängt im Sommer das Licht ein, im Winter gibt es die Sonne wieder her!" Die Massage mit diesem Öl wirkt auch antidepressiv.

1. JUNI

Himbeersaft VEGAN

Zutaten

1 kg Himbeeren
500 g Zucker

Himbeeren aufkochen, Zucker zugeben, unter Rühren köcheln lassen, mit dem Pürierstab pürieren und heiß in vorbereitete Flaschen füllen.

Tipp: Wer die Himbeerkerne nicht mag, kann den Saft durch ein Leinentuch drücken. Dann den Saft nochmals aufkochen.

schnelle Pizzabrote – kinderleicht!

Zutaten für 8 Pizzabrote

8 Scheiben Vollkorntoast
4 Tomaten
2 Kugeln Mozzarella
16 Blättchen frisches Basilikum
1 Knoblauchzehe
Olivenöl

Den Backofen auf 200 Grad vorheizen.

Backblech mit Backpapier belegen, die Toastscheiben auf dem Blech verteilen. Die Tomaten in 1/2 cm dicke Scheiben schneiden, Mozzarella abtropfen lassen und in Scheiben schneiden.

Die Toastbrote 3 Minuten im Backofen backen, in der Zwischenzeit das Basilikum klein schneiden. Brote aus dem Ofen holen, mit Knoblauch einreiben, mit Olivenöl beträufeln, mit Tomaten, Basilikum und Mozzarella belegen und ca. 5 Minuten backen.

VEGAN-Tipp: Vegane Speise, wenn Sie **veganen Mozzarella** (siehe Seite 27) verwenden.

Fenchelcremesuppe mit Kräutersticks VEGAN

Zutaten für 4 Portionen

Für die Suppe:
200 g Fenchel
1 EL Olivenöl
2 EL Kartoffelstärke
1 l Gemüsesuppe
250 ml pflanzliche Sahne
Salz
Pfeffer
Gehacktes Fenchelkraut

Für die Kräutersticks:
50 g Rapsöl
50 g Dinkelmehl
1 Prise Salz
1 Prise Rohrzucker
1 TL gemischte, gehackte Kräuter

Den Backofen auf 180 Grad vorheizen.

Für die Suppe Fenchel in grobe Stücke schneiden und in Olivenöl anbraten, mit Stärke bestäuben, gut durchrühren und mit Suppe und Sahne aufgießen. Auf kleiner Flamme köcheln lassen, würzen, mit Stabmixer aufmixen und mit Fenchelkraut bestreuen.

Für die Kräutersticks alle Zutaten 3 Minuten schlagen, dünne Kleckse auf ein mit Backpapier belegtes Backblech streichen und im vorgeheizten Backofen bei 180 Grad ca. 10 Minuten backen. Auskühlen lassen und zur Suppe reichen.

4. JUNI

Kerniger Tomatenaufstrich

Zutaten für 4 Portionen

4 reife Tomaten
1 Prise Salz
1 Prise Pfeffer
25 g Sonnenblumenkerne
25 g Kürbiskerne
40 g entsteinte Oliven
1 TL Zitronensaft

Tomaten halbieren, Stielansatz entfernen, Tomaten in grobe Würfel schneiden. Kerne und Zitronensaft zugeben und alles zu einer homogenen Masse pürieren. Oliven in feine Würfel schneiden und unterheben. Mit Salz und Pfeffer abschmecken.
Passt sehr gut zu frischem Baguette.

5. JUNI

Lauwarmer Gnocchi-Salat

Zutaten für 4 Portionen

2 Knoblauchzehen
1 Zwiebel
3 – 4 EL Olivenöl
Ca. 800 g Gnocchi, selbst gemacht oder aus dem Kühlregal
250 g Kirschtomaten
100 g Rucola
3 Zweige Basilikum
3 EL grünes veganes Pesto, aus dem Glas
3 EL Balsamicoessig
4 EL Wasser
50 g schwarze Oliven
Salz
Pfeffer

Knoblauch und Zwiebel hacken und in Olivenöl glasig braten, Gnocchi darin rundum braten, in eine Schüssel füllen und zudecken. Tomaten halbieren. Rucola waschen, abtropfen lassen. Basilikum fein hacken. Pesto mit Essig und Wasser verrühren, mit Gnocchi mischen, Tomaten, Oliven, Basilikum, Rucola unterheben, einige Minuten ziehen lassen, dann den Salat auf Tellern anrichten.

Tipp: Sie können die **Gnocchi** auch selbst machen (siehe Seite 182).

6. JUNI

Basilikum-Ricotta-Omelett

Zutaten für 4 Portionen

3 Eigelb
2 EL Milch
2 EL geriebener Parmesan
Salz
Pfeffer
3 Eiweiß
1 EL Rapsöl
50 g Ricotta
50 g in dünne Streifen
geschnittener Rucola
1 EL Basilikumblätter

Eigelb, Milch, Parmesan, Salz und Pfeffer verrühren. Eiweiß zu steifem Schnee schlagen und unterheben. In einer Pfanne Rapsöl erhitzen, die Hälfte der Masse bei geringer Hitze braten. Nach dem Wenden Ricotta in Häufchen auf einer Hälfte des Omeletts verteilen, Rucola und Basilikumblätter darüberstreuen, die andere Hälfte des Omeletts darüberschlagen, halbieren und auf Tellern anrichten. Mit der restlichen Masse genauso verfahren. Omeletts mit gemischtem Salat reichen.

7. JUNI

Holunderblüten-schöberl VEGAN

Zutaten für 8 schöberl

150 g Dinkelmehl
150 ml Sojamilch
1/2 TL Bourbon-Vanillezucker
4 EL Kristallzucker
1 Prise Salz
1 EL Sojamehl
8 Holunderblütendolden
Rapsöl zum Ausbacken

Mehl, Milch, Zucker und Salz verrühren, zuletzt das Sojamehl einrühren. Dolden vorsichtig unter fließendem Wasser waschen, abtropfen und auf Küchenkrepp trocknen lassen.
In einer Pfanne Rapsöl erhitzen. Die Dolden durch den Teig ziehen und im Öl goldgelb backen und servieren.

8. JUNI

Erdbeereis am stiel *VEGAN*

Zutaten für 4 Portionen

250 g Erdbeeren
250 ml Sojajoghurt
100 g Staubzucker
(Puderzucker)
Saft von 1 Bio-Zitrone

Erdbeeren verlesen und kurz pürieren, Joghurt und Zucker zugeben und nochmals alles mixen, mit Zitronensaft abschmecken. Die Masse in Stieleisformen füllen und über Nacht tiefkühlen. Vor dem Verzehr die Form kurz ins heiße Wasser tauchen und aus der Form ziehen.

Tipp: Sie können auch Himbeeren statt Erdbeeren verwenden – wie es Ihnen beliebt.

9. JUNI

Gemüselasagne

Zutaten für 4 Portionen

1 Pkg. Lasagneblätter

Für die Gemüsemasse:
2 Zwiebeln
4 Zucchini
2 EL Olivenöl
2 Knoblauchzehen
400 g Polpa, aus dem Glas
1 EL Tomatenmark
250 g Mais, aus dem Glas
250 g Schafskäse
Salz
Pfeffer
Frisches Basilikum
Frischer Rosmarin

Für die Bechamelsoße:
60 g Dinkelmehl
50 g Butter
500 ml Milch
150 g geriebener Parmesan
Salz
Pfeffer
Geriebene Muskatnuss

Den Backofen auf 200 Grad vorheizen.
Für die Gemüsemasse Zwiebeln und Zucchini in kleinen Würfeln in Olivenöl anbraten, Knoblauch fein schneiden und zugeben, rösten, mit Polpa und Tomatenmark ablöschen. Mais und Schafskäse zugeben, abschmecken. In eine gefettete Auflaufform die vorgekochten Lasagneblätter abwechselnd mit der Gemüsemasse Schicht für Schicht einfüllen, auf jede Gemüseschicht Basilikum und Rosmarin streuen. Lasagneblätter sind die oberste Lage.
Für die Bechamelsoße Mehl in heißer Butter anschwitzen, Milch langsam zufügen, aufkochen, 2/3 des Parmesans unterrühren. Mit Salz, Pfeffer und Muskatnuss abschmecken und über die Lasagneblätter gießen. Mit dem restlichen Käse bestreuen und bei 200 Grad im vorgeheizten Backofen 45 Minuten backen.

10. JUNI

Rotes Linsenmus und Rucola-Erdbeer-Salat ~~VEGAN~~

Zutaten für 4 Portionen

Für das Linsenmus:
2 Gläser roten Linsen, ca. 1/4 l
4 Gläser Wasser
1 Suppenwürfel

Für den Salat:
2 Handvoll Erdbeeren
2 Handvoll Rucola
1 EL Sonnenblumenkerne

Für die Marinade:
1 EL Weingeistessig
1 TL Dijon-Senf
2 EL Wasser
1 EL Kürbiskernöl

Für das Linsenmus Linsen abspülen. Wasser mit Suppenwürfel aufkochen, Linsen einrühren, nochmals aufkochen, Herdplatte abschalten und auf der heißen Platte zugedeckt ca. 20 Minuten stehen lassen. Für den Salat Erdbeeren putzen, schneiden, Saft dabei auffangen und zur Marinade geben. Rucola eventuell in kleinere Stücke zupfen oder schneiden. In einer Schüssel Rucola, Erdbeeren und Sonnenblumenkerne mischen. Für die Marinade Essig, Senf, Wasser und Öl verrühren und über den Salat gießen, gut durchmischen und vor dem Servieren zugedeckt 10 bis 15 Minuten ziehen lassen.

JUNI

11. JUNI

Gebackene Zucchiniblüten

Zutaten für 4 Portionen

3 Eiweiß
1 Prise Salz
100 g Dinkelmehl
100 g Maisstärke
200 ml Mineralwasser
8 – 12 Zucchiniblüten
Rapsöl zum Ausbacken

Eiweiß mit Salz zu steifem Schnee schlagen. Die restlichen Zutaten (bis auf die Blüten) verrühren und abschließend den Schnee unterheben. Reichlich Rapsöl in einer Pfanne erhitzen, die Zucchiniblüten durch den Teig ziehen, abtropfen lassen, in die Pfanne legen und goldgelb backen. Auf Küchenpapier abtropfen lassen. Dazu passen Salat und/oder Kartoffeln.

Tipp: Durch Weglassen des Eiweißes, aber unter Verwendung von Stärkemehl wird der Teig besonders knusprig. Mit diesem Teig lassen sich viele andere Gemüse- oder Obstsorten backen, z. B. Brokkoli, Karfiol (Blumenkohl), Zucchinischeiben, Äpfel etc.

Kartoffel-Pfanne mit Gemüse

700 g Kartoffeln
4 EL Rapsöl
300 g Fisolen (grüne Bohnen)
1 Dose Artischockenherzen,
400 ml
1 rote Zwiebel
3 Knoblauchzehen
250 g Kirschtomaten
2 Zweige Rosmarin
60 g schwarze Oliven
Salz
Pfeffer
4 pochierte Eier

Den Backofen auf 200 Grad vorheizen.

Kartoffeln schälen, in Spalten schneiden, auf ein mit Backpapier belegtes Backblech legen, die Kartoffelspalten mit Öl bepinseln und im Backofen bei 200 Grad ca. 20 bis 30 Minuten braten.

Bohnen putzen und in kochendem Salzwasser 8 bis 10 Minuten kochen, anschließend abgießen. Artischockenherzen in einem Sieb abtropfen lassen. Zwiebel und Knoblauch schälen und klein schneiden.

In einer großen Pfanne das Gemüse vermengen, Tomaten und Rosmarin sowie die Oliven und die fertigen Kartoffeln dazugeben, alles ca. 2 bis 3 Minuten braten, mit Salz und Pfeffer abschmecken.

Die Kartoffelpfanne auf Tellern mit grünen Salatblättern und pochiertem Ei servieren.

Tomatenbrötchen mit Rucola

Für den Aufstrich:
30 g gehackter Rucola
30 g sehr klein geschnittene Tomaten
20 g geriebener Parmesan
Salz
Pfeffer
2 – 3 EL Olivenöl

Außerdem:
1 Baguette
Mozarellastücke

Den Backofen auf 180 Grad vorheizen.

Alle Aufstrichzutaten mit dem Olivenöl gut verrühren. Baguette in schräge Scheiben schneiden, mit Aufstrich bestreichen, mit Mozarella-stücken belegen und im vorgeheizten Backofen bei 180 Grad 10 Minuten backen.

14. JUNI

Rucola-Salat mit Himbeerdressing

Zutaten für 4 Portionen

200 g Himbeeren
1 TL Honig
1 TL Senf
Salz
Pfeffer
1 TL Olivenöl
2 – 3 Handvoll Rucola,
Frisee oder Chicorée
4 Ziegenkäsebällchen

Für das Dressing Himbeeren pürieren und mit Honig, Senf, Salz, Pfeffer und Olivenöl vermengen. Salat auf Tellern anrichten, Ziegenkäsebällchen mittig platzieren und das Himbeerdressing darübergießen.

Tipp: Reichen Sie dazu **Aioli-Baguette** (siehe Seite 151).

15. JUNI

Himbeertorte

Zutaten für 1 Torte

Für den Teig:
4 Eier
220 g Rohrzucker
120 g Dinkelmehl
1/2 Pkg. Weinsteinbackpulver

Für die Creme:
600 g Himbeeren, einige zum
Dekorieren zur Seite legen
500 g Magertopfen (Quark)
250 g Sauerrahm
(saure Sahne)
20 g Staubzucker
(Puderzucker)
6 g Bourbon-Vanillezucker
250 g steif geschlagene
Schlagsahne
2 TL Agar-Agar

Den Backofen auf 175 Grad vorheizen.
Für den Teig alle Zutaten 5 Minuten schaumig schlagen, in eine befettete Tortenform füllen und im vorgeheizten Backofen bei 175 Grad ca. 20 bis 25 Minuten backen. Für die Creme die Himbeeren pürieren. Topfen (Quark), Sauerrahm (saure Sahne) und Zucker cremig rühren, steif geschlagene Schlagsahne unterheben. Etwas Creme mit Agar-Agar glatt rühren und in die Creme einrühren. Torte halbieren, mit etwas Creme bestreichen, zusammensetzen. Einen Tortenring um die Torte legen und die restliche Creme einfüllen.Mindestens 3 Stunden kalt stellen (am bestenüber Nacht). Zur Dekoration einige Sahnetuffs aufspritzen und mit Himbeeren verzieren.

16. JUNI

Kräuter-Soße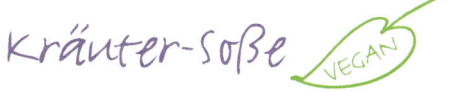

Zutaten für 2 Portionen

1 kleine Zwiebel
1 – 2 kleine Essiggurken
1 Becher Sojajoghurt
4 EL Seidentofu
1 TL Dijon-Senf
1 EL verschiedene Kräuter
1 Msp. gemahlener Pfeffer
1 TL Salz

Zwiebel und Essiggurken klein schneiden, gemeinsam mit Joghurt und Seidentofu mit dem Pürierstab pürieren, restliche Zutaten unterrühren und abschmecken. Gut durchziehen lassen.

Tipp: Passt hervorragend zu Baguettescheiben, frischen Tomaten oder Gemüsesticks.

17. JUNI

Schokomousse mit Erdbeeren

Zutaten für 4 Portionen

100 g Halbbitterschokolade
2 Eier
1 EL Kristallzucker
250 ml Schlagsahne
Erdbeeren

Schokolade fein hacken und im Wasserbad schmelzen, dabei regelmäßig umrühren. Sobald die Schokolade geschmolzen ist, Topf vom Herd nehmen und etwas abkühlen lassen. Eier trennen. Eiweiß zu steifem Eischnee schlagen. Eigelb mit Zucker schaumig rühren und danach in die geschmolzene, warme Schokolade einrühren. Die Sahne steif schlagen und sobald die Schokolade etwas abgekühlt ist, zunächst 1 EL Eischnee unterheben. Den restlichen Eischnee und die Sahne nun vorsichtig löffelweise einrühren. Auf keinen Fall zu stark rühren, sonst fällt alles in sich zusammen. Mousse in kalt gespülte Dessertschalen füllen und für mindestens 3 bis 4 Stunden in den Kühlschrank stellen.
Vor dem Servieren mit frischen Erdbeeren dekorieren.

Erdbeer-Rhabarber-Terrine

Zutaten für 4 Portionen

Für die Terrine:
400 g Rhabarber
250 g Erdbeeren
6 EL Wasser
5 EL Rotwein
100 g Rohrzucker
1/2 Zimtstange
2 Nelken
1 TL Agar-Agar
150 g Topfen (Quark)
3 EL Staubzucker
(Puderzucker)
1 TL Zitronensaft
150 ml Schlagsahne

Für die Soße:
250 g Erdbeeren
1 TL Staubzucker
(Puderzucker)
1 TL Zitronensaft

Für die Terrine Rhabarber waschen, schälen und in 1 cm dicke Scheiben schneiden. Erdbeeren entstielen und längs halbieren. Wasser, Wein, Zucker und Gewürze aufkochen, Rhabarberstücke zugeben, ziehen lassen, pürieren, Agar-Agar einrühren. Topfen (Quark) mit Zucker und Zitronensaft cremig rühren, mit abgekühltem Rhabarberpüree vermengen. Schlagsahne steif schlagen und unterheben.
Terrinenform ausspülen, mit Frischhaltefolie auslegen, die Hälfte der Creme einfüllen, Erdbeerhälften darauf verteilen und die restliche Creme daraufstreichen. Die Terrine 2 bis 3 Stunden kalt stellen, dann aus der Form stürzen, Folie abziehen, in Scheiben schneiden und mit der Erdbeersoße servieren.
Für die Soße die Erdbeeren in kleine Stücke schneiden, mit Zucker und Zitronensaft gemeinsam pürieren.

Gurkensoße VEGAN

Zutaten für 4 Portionen

2 – 3 Gurken
2 EL Olivenöl
Suppenwürze
2 EL Dinkelmehl
250 g pflanzliche Sahne
Gehackter Dill

Gurken schälen, in dünne Scheiben schneiden und in heißem Olivenöl kurz anbraten. Mit Wasser aufgießen, sodass die Gurken gerade bedeckt sind, Suppenwürze zugeben und zugedeckt einige Minuten weich dünsten lassen. Dinkelmehl mit Sahne vermengen, in die nicht mehr kochende Gurkensoße einrühren und unter ständigem Rühren aufkochen lassen. Mit Dill abschmecken.
Dazu passen gekochte Kartoffeln.

Karotten-Mozzarella-Wrap

Zutaten für 4 Portionen

3 Karotten
Petersilie
250 g Mozzarella
2 EL Senf
4 EL Naturjoghurt
4 Wrap-Tortillas
50 g Eisbergsalat oder
Friséesalat

Die Karotten raspeln mit der fein gehackten Petersilie vermengen, den gewürfelten Mozzarella dazugeben. Senf mit Joghurt verrühren. Salat in Streifen schneiden.

Die Wraps mit der Karottenmischung, Senf-Joghurt-Soße und Salat quer belegen, auf beiden Seiten (links und rechts) einschlagen und von unten einrollen. In der Mitte schräg durchschneiden.

Tipp: Gemüse-Wrap

Jeder Gemüserest kann hier verwendet werden. Einfach das gewählte Gemüse mit 2 EL Senf und 5 EL Naturjoghurt sowie Petersilie oder Basilikum vermengen, auf Wraps streichen, mit Salat belegen und einrollen.

Himbeeressig homemade VEGAN

Zutaten

250 g Himbeeren
500 ml Weißweinessig
60 g Kristallzucker

In einer Schüssel Himbeeren mit Essig übergießen und 2 Wochen abgedeckt ziehen lassen. Zwischendurch die Himbeeren hin und wieder mit einem Löffel am Schüsselrand zerdrücken.
Nach 2 Wochen den Essig mit den Himbeeren durch ein Sieb in einen Topf gießen. Die Früchte mit einem Löffel leicht durch das Sieb pressen, aber nicht zu stark, damit der Essig im Topf nicht trüb wird. Den Zucker zufügen und das Ganze aufkochen und vorsichtig rühren, bis der Zucker aufgelöst ist. Jetzt den Essig durch einen Trichter in schöne, sterile Flaschen füllen, mit einem Deckel oder Korken verschließen und innerhalb der nächsten 2 bis 3 Monate aufbrauchen.

Tipp: Dieser Essig schmeckt in jedem Salat köstlich, besonders harmoniert er aber zu Blattsalaten und mit Ziegenkäse. Er schmeckt aber nicht nur zu Salaten hervorragend: Gießen Sie ihn einmal über Vanilleeis mit Himbeeren! Himmlisch!

Erdbeer-Taschen

Zutaten für 4 Portionen

Für den Teig:
130 g Dinkelmehl
300 g Magertopfen (Quark)
60 g Butter
1 Ei

Für die Brösel-Mischung:
40 g Butter
100 g Brösel (Paniermehl)

Außerdem:
Eigelb zum Bestreichen
200 g feste, geviertelte Erdbeeren
Staubzucker (Puderzucker)
zum Bestreuen

Für den Teig die Zutaten rasch zu einem glatten Teig verarbeiten, in Folie wickeln und 30 Minuten an einem kühlen Ort rasten lassen.
Den Teig auf einer bemehlten Arbeitsfläche 5 mm dick ausrollen, Kreise ausstechen, mit Erdbeervierteln belegen, Teigränder mit Eigelb bestreichen und den Teig umklappen, Ränder festdrücken.
In kochendes Salzwasser legen und 10 Minuten leicht köcheln lassen.
Für die Brösel-Mischung Butter in einer Pfanne schmelzen, Brösel (Paniermehl) einrühren und kurz rösten lassen.
Erdbeer-Taschen aus dem Salzwasser heben und mit Brösel-Mischung und Staubzucker (Puderzucker) bestreut servieren.

Eiscreme mit Rhabarber und Vanille

Zutaten für 4 Portionen

500 g junger Rhabarber,
am besten Himbeerrhabarber
150 g Zucker
2 Vanilleschoten,
Mark auskratzen
Einige Erdbeeren zum
Bestreuen
500 ml Vanilleeis

Rhabarberstangen von Wurzel- und Blattenden befreien, eventuell schälen und in 5 mm dicke Scheiben schneiden. Rhabarber, Zucker, Vanillemark und Vanilleschoten in einem Topf zum Kochen bringen, ständig rühren, bis sich der Zucker auflöst. Den Deckel halb auflegen und 3 Minuten einkochen. Umrühren, ohne Deckel weiterkochen, bis der Rhabarber weich ist und fast zerfällt. Die Vanilleschoten entfernen. Kompott in einen Krug geben und etwas abkühlen lassen.
Vanilleeis in Schälchen anrichten und mit Kompott übergossen servieren.

JUNI

Polentaknödel mit Gurkensoße

Zutaten für 4 Portionen

Für die Knödel:
500 g Topfen (Quark)
150 g Polenta (Maisgrieß)
50 ml Rapsöl
1 Ei
Salz
Pfeffer
1 Prise gemahlener Muskat
2 EL Dinkelmehl
2 EL gehackte Dille zum
Wälzen

Für die Gurkensoße:
1 Gurke
1 EL Olivenöl
125 ml Gemüsebrühe
1 EL Kartoffelmehl
125 ml Sauerrahm (saure
Sahne)

Für die Knödel Topfen (Quark), Polenta (Maisgrieß), Rapsöl, Ei und Gewürze gut verrühren, Mehl einrühren und 1 Stunde kalt stellen. Salzwasser zum Kochen bringen, Knödel formen und ca. 10 Minuten leicht kochen lassen. Herausnehmen und in Dille wälzen.
Für die Gurkensoße die Gurke fein raspeln und in Olivenöl anbraten, mit Gemüsebrühe aufgießen. Nach dem Aufkochen mit Mehl bestäuben und unter Rühren den Sauerrahm (saure Sahne) einrühren.
Knödel mit Gurkensoße anrichten.

Griechischer Salat

Zutaten für 4 Portionen

Für den Salat:
1 Kopfsalat
1 Tomate
1 Gurke
1 Zwiebel
80 g Schafskäse
2 Knoblauchzehen
1 EL getrockneter Oregano

Für die Marinade:
5 EL Naturjoghurt
1 EL Estragonsenf
1 EL Weingeistessig

Salat waschen, trocken schleudern und in mundgerechte Stücke zupfen. Tomate vom Stielansatz befreien, Fruchtfleisch würfeln. Gurke ebenfalls in Würfel schneiden. Zwiebel schälen und in dünne Ringe schneiden. Schafskäse zerkrümeln, Knoblauchzehen schälen und fein hacken.
Für die Marinade alle Zutaten gut verrühren. Marinade und Oregano unter den Salat heben.
Reichen Sie dazu frisches Fladenbrot.

Beerentraum mit Vanille-Pudding

Zutaten für 4 Portionen

1 Pkg. Vanillepuddingpulver
Milch bzw. Flüssigkeit laut
Pudding-Packungsangabe
750 g gemischte
Beerenfrüchte

Pudding nach Packungsanleitung zubereiten.
Pudding in 4 mit kaltem Wasser ausgespülte Förmchen füllen, auskühlen lassen und ca. 4 Stunden zugedeckt kalt stellen.
Die Beeren verlesen, waschen, abtropfen lassen. Die Hälfte der Beeren mit dem Pürierstab pürieren, übrige Früchte kurz unterheben, durchziehen lassen und zugedeckt kalt stellen.
Förmchen kurz in heißes Wasser tauchen, Puddings direkt auf Dessertteller stürzen, jeweils Beerenmus rundherum gießen.
Dazu können geschlagene Sahne, Biskotten (Löffelbiskuits) oder Butterkekse gereicht werden.

27. JUNI

Crostini mit Brokkoli und Mozzarella

Zutaten für 12 Crostini

12 dünne Ciabattascheiben
Etwas Olivenöl
Einige Brokkoliröschen
200 g Mozzarella
Frisches Basilikum

Den Backofen auf 200 Grad vorheizen.
Ciabattascheiben mit etwas Olivenöl bestreichen. Die Brokkoliröschen in Salzwasser kurz blanchieren, gut abtropfen lassen und auf die Scheiben setzen. Mit Mozzarella belegen und die Brote auf ein mit Backpapier belegtes Backblech setzen. Im vorgeheizten Backofen ca. 10 Minuten überbacken. Die Crostini mit fein gehacktem Basilikum bestreut servieren.

VEGAN-Tipp: Verwenden Sie auch zur Abwechslung **veganen Mozzarella** (siehe Seite 27).

28. JUNI

Gemüsestrudel

Zutaten für 4 Portionen

Für den Teig:
200 g Dinkelmehl
Wasser nach Bedarf
1 EL Weingeistessig
1 EL Olivenöl
Salz

Für die Fülle:
100 g Zwiebeln
Olivenöl
600 g klein geschnittenes
Gemüse, z. B. Karotten,
Sellerie, Champignons,
Brokkoli, Tomaten, Zucchini,
Mais etc.
125 ml Crème fraîche
2 Eier
50 g geriebener Parmesan
Salz
Pfeffer
1 Bund Petersilie

Den Backofen auf 170 Grad vorheizen.
Für den Teig Mehl mit Wasser, Essig und Öl verkneten, salzen, ruhen lassen. Auf einer bemehlten Arbeitsfläche den Teig so dünn wie möglich ausrollen. Für die Fülle die Zwiebeln in Olivenöl anrösten, das klein geschnittene Gemüse zugeben und unter Rühren dünsten. (Wird Tiefkühl-Gemüse verwendet, dann dieses kurz in kochendem Wasser blanchieren.) Crème fraîche mit Eiern und Käse verrühren, klein gehackte Petersilie unterrühren, mit Salz und Pfeffer abschmecken. Das Gemüse auf dem Teig verteilen, die Soße darüberstreichen und den Strudel einrollen. Den Strudel auf ein mit Backpapier belegtes Blech legen und im vorgeheizten Backofen bei 170 Grad ca. 50 Minuten backen.

Tomatensuppe VEGAN

Zutaten für 4 Portionen

2 kg Tomaten
1 Bund Suppengrün
1 Zwiebel
4 Knoblauchzehen
1 Bund Basilikum
4 EL Olivenöl
250 ml Gemüsebrühe
Salz
Pfeffer

Tomaten waschen, vierteln. Suppengrün putzen und klein schneiden. Zwiebel und Knoblauch schälen, fein würfeln. Basilikumblättchen abzupfen, 2/3 grob hacken, Rest zur Seite legen. Öl in einem Topf erhitzen, Zwiebel, Knoblauch und Suppengrün darin andünsten, Tomaten und gehacktes Basilikum dazugeben, Suppe dazugießen, langsam aufkochen lassen, salzen, pfeffern. Nach dem ersten Aufkochen die Hitze reduzieren und bei geringer Hitze 40 Minuten köcheln lassen, Suppe pürieren und eventuell noch einmal mit Salz und Pfeffer abschmecken. Mit Basilikumblättchen garniert servieren.

Happy Toasts

Zutaten für 8 Toasts

8 Scheiben Vollkorntoast
Variante 1:
250 g geriebener Käse
1 säuerlicher, geriebener Apfel

Variante 2: VEGAN
1 roter, fein gewürfelter Paprika
1 Bund gehackte Kräuter
1 zerdrückte Knoblauchzehe

Variante 3: VEGAN
250 g klein gewürfelte Tomaten
Gehacktes Basilikum

Variante 4: VEGAN
250 g Champignons
1 EL Olivenöl
Gehackte Petersilie

Den Backofen auf 180 Grad vorheizen.
Die jeweiligen Zutaten vermischen und auf den Broten verteilen.
Die Toastscheiben im vorgeheizten Backofen bei 180 Grad goldbraun überbacken.

Juli

Der Tipp für den Monat Juli

Holen Sie sich den Geschmack des Südens auf den Teller: Mit gutem Olivenöl und frischen Kräutern wie Knoblauch, Rosmarin, Oregano und Thymian gelingt das hervorragend. Diese Nahrungsmittel sind wahre Stimmungsmacher und noch dazu äußerst gesund.

Als Dessert greift man jetzt im Sommer einfach zu frischen Früchten.

1. JULI

Kartoffel-Zucchini-Auflauf

Zutaten für 4 Portionen

500 g Kartoffeln
2 – 3 Zucchini
3 Eier
300 g Hüttenkäse
50 g Sauerrahm (saure Sahne)
Salz
Klein geschnittene Petersilie
Klein geschnittener
Schnittlauch
100 g geriebener Gratinkäse
1 Handvoll halbierte
Kirschtomaten
1 Handvoll Pinienkerne

Den Backofen auf 170 Grad vorheizen.
Kartoffeln weich kochen, überkühlen lassen, schälen und in dünne Scheiben schneiden. Zucchini ebenfalls in dünne Scheiben schneiden. Das Gemüse abwechselnd in eine feuerfeste Form schichten. Einige Zucchinischeiben übriglassen. Die Eier mit dem Hüttenkäse und dem Sauerrahm (saure Sahne) verrühren, salzen. Die Kräuter unterheben, die Masse über das Gemüse gießen und auch zwischen den Gemüsescheiben verteilen. Mit Gratinkäse bestreuen. Im vorgeheizten Backofen bei 170 Grad ca. 20 Minuten überbacken. Die restlichen Zucchinischeiben, die Tomatenhälften und die Pinienkerne darauf verteilen und weitere 10 Minuten backen.

2. JULI

Himbeer-Shake

Zutaten für 4 Gläser

400 g Himbeeren
250 ml Sojamilch
125 ml Sojajoghurt
Etwas Staubzucker
(Puderzucker)

Die Zutaten mit dem Pürierstab pürieren und mit Staubzucker (Puderzucker) süßen. Auf 4 Gläser verteilen und servieren.

Tipp: Probieren Sie diesen Shake auch mit anderen Früchten der Saison.

3. JULI

Mediterraner Salat

Zutaten für 4 Portionen

Für den Salat:
2 Auberginen
2 Zucchini
5 EL Olivenöl
1 TL Salz
1 TL frisch gemahlener
schwarzer Pfeffer
100 g Dinkel, eventuell 1 Std.
in Wasser quellen lassen
Einige Kirschtomaten
100 g entkernte Oliven

Für den marinierten Käse:
75 ml Olivenöl
1 TL Chiliflakes
150 g Pecorino

Für das Dressing:
1/2 TL gemahlener Koriander
1/2 TL edelsüßes Paprikapulver
Saft von 1 Bio-Zitrone
1 TL Zucker
100 ml Olivenöl
4 EL gehackte Minzeblätter

Den Backofen auf 180 Grad vorheizen.
Für den marinierten Käse in einer Schale Olivenöl mit Chiliflakes verrühren, den Käse einlegen und 1 Stunde oder länger marinieren.
Für den Salat Auberginen und Zucchini würfeln, auf einem mit Backpapier belegten Backblech verteilen und mit Olivenöl beträufeln, salzen, pfeffern. Gut vermengen, ca. 15 Minuten braten, wenden und nochmals 15 Minuten braten. Dinkel in einem Topf mit reichlich Wasser und 1 Prise Salz kochen. (Mit Vorquellen ist der Dinkel in 20 Minuten gar, ohne Vorquellen braucht er länger.) Abtropfen lassen, mit kaltem Wasser abspülen, gut abtropfen lassen. Tomaten vierteln und mit dem Ofengemüse, dem Dinkel und den Oliven in einer großen Schale vermengen. Dressing aus den Zutaten anrühren und darübergießen. Am besten 1 Stunde durchziehen lassen. Zum Schluss mit der gehackten Minze bestreuen und zusammen mit dem marinierten Käse servieren.

VEGAN-Tipp: Wenn Sie den Käse weglassen, ist das Rezept vegan.

Hummus mit rotem Paprika

Zutaten für 4 Portionen

1 Glas gegrillte rote
Paprikaschoten, 350 g
1 Dose Kichererbsen, 400 g
1 TL edelsüßes Paprikapulver
2 EL Doppelrahmfrischkäse
2 EL Knoblauchöl
1 TL Limettensaft
Salz

Paprikaschoten und Kichererbsen abgießen und in die Küchenmaschine geben. Paprikapulver, Frischkäse, Öl und Limettensaft hinzufügen. Alles zu einem Püree verarbeiten, mit Salz und Limettensaft abschmecken. Mit Crostinis oder Toastbroten reichen.

5. JULI

Gemüselaibchen VEGAN

Zutaten für 4 Portionen

2 EL Kartoffel- oder Maismehl
100 g Dinkelmehl
Etwas Wasser
1 TL Weinsteinbackpulver
200 g gehobelte Zucchini
150 g Zuckermais,
aus dem Glas
1 roter, fein
gewürfelter Paprika
Salz
Pfeffer
Rapsöl zum Braten

Kartoffelmehl mit wenig Wasser cremig rühren und mit Mehl und Backpulver glatt rühren. Das Gemüse untermischen, salzen, pfeffern und Laibchen formen.
In einer Pfanne fingerdick Rapsöl erhitzen und die Gemüselaibchen beidseitig langsam braten. (Statt in der Pfanne können Sie die Laibchen auch im Backofen bei 180 Grad braten.) Mit gemischtem Salat servieren.

Juli

Nudelsalat

Zutaten für 4 Portionen

250 g Dinkelspiralen
2 EL Olivenöl
100 g fein gewürfelter Gouda
1 EL fein gehacktes Basilikum
Je 1 roter, gelber und
oranger Paprika

Die Dinkelspiralen in kochendem Salzwasser bissfest kochen, unter kaltem Wasser abschrecken und mit Olivenöl vermischen. Die Spiralen mit den übrigen Zutaten vermengen und mit Salz abschmecken.

Marinade Variante 1: 2 EL Weingeistessig, etwas Senf und 2 EL Olivenöl mit 5 EL Wasser vermischen und darübergießen.

Marinade Variante 2: 150 g Sauerrahm (saure Sahne) mit 200 g Naturjoghurt und 5 EL gehacktem Basilikum vermischen, mit Senf, Mayonnaise, Salz und Pfeffer abschmecken. Erst kurz vor dem Verzehr über den Salat geben, sonst saugen die Nudeln die Marinade auf.

Tipp: Bei den Zutaten können Sie variieren: Probieren Sie statt Paprika gekochte Karotten, Petersilie und Mais (aus dem Glas), nach Belieben noch Rucola hinzufügen. Den Salat kann man auch mit Grana- oder Pecorinospänen bestreuen.

VEGAN-Tipp: Lassen Sie den Käse weg und verwenden Sie als Marinade die Variante 1.

Paprika-Tramezzini VEGAN

Zutaten für 4 Portionen

2 TL Dijon-Senf
8 EL Sojajoghurt
Gemischte, gehackte Kräuter
8 Tramezzini-Scheiben oder
entrindetes Toastbrot
Je 1 roter Paprika und
gelber Paprika
Basilikumblätter
1 TL Currypulver

Senf, Joghurt und gemischte Kräuter cremig rühren und 4 Tramezzini-Scheiben damit bestreichen, würfelig geschnittenen Paprika darüberstreuen, Currypulver und Basilikumblätter verteilen, die restlichen 4 Scheiben darauflegen, festdrücken. Die Scheiben diagonal durchschneiden und servieren.

Gefüllte Tomaten mit Oliven VEGAN

Zutaten für 4 Portionen

8 mittelgroße Tomaten
1 Zwiebel
2 Knoblauchzehen
Olivenöl
1 Bund Basilikum
1 EL gehackte
Sonnenblumenkerne
75 g gehackte
schwarze Oliven
1 EL Kapern
Salz
Pfeffer
4 EL Brösel (Paniermehl)
8 TL Sojajoghurt

Den Backofen auf 180 Grad vorheizen.
Von den Tomaten den Deckel abschneiden, mit einem Löffel entkernen. Das Fruchtfleisch herauslösen und klein würfeln. Zwiebel und Knoblauchzehen würfeln und gemeinsam mit dem Tomatenfruchtfleisch in 2 EL Olivenöl anrösten. Das gehackte Basilikum, die Kerne, die Oliven und die Kapern unterrühren, 5 Minuten schmoren. Mit Salz und Pfeffer abschmecken. Die Fülle in die Tomaten geben, die Brösel (Paniermehl) und das Joghurt darübergeben. Mit etwas Olivenöl beträufeln und im vorgeheizten Backofen bei 180 Grad ca. 25 Minuten backen.

9. JULI

Topfen-Beeren-Auflauf

Zutaten für 4 Portionen

500 g Magertopfen (Quark)
50 g Rohrzucker
3 Eier
1 Pkg. Bourbon-
Vanillezucker
1 EL Dinkelgrieß
700 g gemischte Beeren
Butter oder Rapsöl für
die Form

Den Backofen auf 200 Grad vorheizen.
Topfen (Quark), Zucker, Eier, Vanillezucker und Grieß schaumig rühren und die Masse in eine mit Butter oder Rapsöl befettete Form geben. Beeren waschen, abtropfen lassen, auf die Topfenmasse legen und im vorgeheizten Backofen bei 200 Grad ca. 25 Minuten überbacken.

Tipp: Verwenden Sie Obst der Saison. Der Auflauf schmeckt auch mit Äpfeln oder eingelegten Kirschen wunderbar.

10. JULI

Gemüsekipferl

Zutaten für 20 Stück

150 – 200 g fertiger
Blätterteig
Mehl zum Ausrollen
1 Ei zum Bestreichen

Für die Fülle:
Je 1/2 roter, gelber und
grüner Paprika
120 g Frischkäse
1 Knoblauchzehe
1 EL geschnittener
Schnittlauch
Salz
Pfeffer

Den Backofen auf 200 Grad vorheizen.
Für die Fülle den Paprika in kleine Würfel schneiden und mit den restlichen Zutaten cremig verrühren und abschmecken. Blätterteig auf bemehlter Arbeitsfläche ausrollen, Quadrate mit ca. 8 cm Seitenlänge schneiden, diese Quadrate halbieren. Teigränder mit Ei bestreichen, 1 TL Fülle in die Mitte setzen und zu einem Kipferl (Hörnchen) einrollen. Auf ein mit Backpapier belegtes Backblech setzen, mit Ei bestreichen und ca. 20 Minuten backen.

11. JULI

Schmetterlingsnudeln mit Spinatsoße

Zutaten für 4 Portionen

300 g Schmetterlingsnudeln
(Farfalle)
3 EL Olivenöl
4 EL Schafskäse
200 g Blattspinat
4 TL Mandelblättchen
Salz
Pfeffer

Schmetterlingsnudeln in reichlich Salzwasser mit 1 EL Olivenöl bissfest kochen, abseihen, kurz kaltes Wasser darüberlaufen lassen, dabei vorsichtig umrühren. Für die Spinatsoße den klein geschnittenen Spinat in einen Topf mit 2 EL Olivenöl geben, kurz köcheln lassen. Die Nudeln auf tiefen Tellern verteilen, Spinat darübergeben, mit zerpflücktem Schafskäse und Mandelblättchen bestreuen, würzen.

12. JULI

Florida-Salat mit Mozzarella

Zutaten für 4 Portionen

Für den Salat:
1/2 Eisbergsalat
12 Kirschtomaten
1 roter Paprika
2 hart gekochte Eier
1/2 Gurke
2 Avocados
6 EL Zitronensaft
2 Bio-Orangen
1 Zwiebel
1/2 Bund Basilikum
125 g Mozzarella

Für das Dressing:
200 g Naturjoghurt
Etwas Zitronensaft
4 EL Olivenöl
Salz
Pfeffer
1 TL flüssiger Honig

Salat zerpflücken, Tomaten in Stücke schneiden, Paprika würfeln, Gurke in Streifen schneiden. Avocados schälen, entsteinen, vierteln, mit Zitronensaft beträufeln. Orangen schälen, in Scheiben schneiden und diese halbieren. Die Eier vierteln, Zwiebel schälen und in Ringe schneiden. Basilikum in Streifen schneiden. Mozzarella würfeln. Für das Dressing alle Zutaten gut abrühren. Salatzutaten vermengen, mit dem Dressing beträufeln und mit Basilikum bestreuen.

VEGAN-Tipp: Verwenden Sie veganen Käse, lassen Sie die Eier weg und ersetzen Sie das Joghurt durch Sojajoghurt sowie den Honig durch die doppelte Menge Kristallzucker.

Marillenknödel

Zutaten für 4 Portionen

250 ml Milch
2 EL Butter
Salz
150 g Dinkelmehl
2 Eigelb
500 g entsteinte Marillen
(Aprikosen)
2 EL Butter
100 g Brösel (Paniermehl)
Staubzucker (Puderzucker)
zum Bestreuen

Milch mit Butter und einer Prise Salz zum Kochen bringen, das Mehl einrühren und einige Minuten weiterrühren, bis sich der Teig vom Boden löst. Auskühlen lassen. In den Teig nach und nach das Eigelb einrühren und den Teig glatt rühren. Aus dem Teig eine dicke Rolle formen, dicke Scheiben abschneiden und flach drücken. In die Mitte eine Marille (Aprikose) setzen und den Knödel gut mit Teig verschließen.
Die Knödel in kochendem Salzwasser ca. 5 Minuten ziehen lassen.
Die Butterbrösel (Butter schmelzen und Brösel/Paniermehl anrösten) über die Knödel streuen und angezuckert servieren.

Gefüllte Zucchini VEGAN

Zutaten für 4 Portionen

4 kleine Zucchini
1 roter Paprika
1 Bund Lauchzwiebeln
2 Knoblauchzehen
150 g gehackte Mandeln
2 EL Tomatenmark
Salz
Pfeffer
4 EL Rapsöl
Verschiedene Kräuter,
z. B. Basilikum, Petersilie,
Schnittlauch, Dille etc.

Den Backofen auf 180 Grad vorheizen.
Zucchini längs halbieren, aushöhlen, dabei 1 cm Rand stehen lassen. Das Zucchini-Innere klein schneiden. Paprika klein würfelig schneiden, Lauchzwiebeln in feine Ringe schneiden, Knoblauch in sehr feine Würfel schneiden. Mandeln mit Paprika, Zwiebeln, Knoblauch, Tomatenmark, Öl, Zucchini-Innerem und Kräutern mischen, mit Salz und Pfeffer würzen. Die Masse in die Zucchini-Hälften füllen, diese auf ein mit Backpapier belegtes Backblech setzen und im Ofen 20 bis 30 Minuten bei 180 Grad backen. Dazu kann grüner Salat gereicht werden.

15. JULI

Kräuterlimonade

Zutaten für 1 l saft

Je 1 Handvoll Blätter von:
Zitronenmelisse
Gundelrebe
Giersch
1 l Wasser

Nehmen Sie die Blätter dieser 3 Kräuter und geben Sie sie in gut 1 l Wasser, 30 Minuten ziehen lassen, fertig ist dieses erfrischende Getränk!

16. JULI

Aufgerolltes Feta-Knoblauchbrot mit Radicchio

Zutaten für 4 Portionen

Für das Brot:
500 g Mehl
300 ml lauwarme Milch
1 EL Zucker
1 Pkg. Weinsteinbackpulver
1/2 TL Speisenatron
1 große Prise Salz

Für die Füllung:
200 g zimmerwarme Butter
2 Knoblauchzehen
3 EL fein gehackte Minze
Schwarzer Pfeffer
1 Prise Salz
1 Handvoll Radicchio
75 g Feta (Schafskäse)

Den Backofen auf 180 Grad vorheizen.

Für das Brot alle Zutaten gut verkneten und den Teig zugedeckt an einem warmen Ort rasten lassen. Für die Füllung die Butter mit dem Mixer schaumig schlagen, den Knoblauch fein hacken und mit der Minze und dem Pfeffer zugeben, salzen. Den Radicchio putzen, in Streifen schneiden, 2 Sekunden in kochendem Wasser blanchieren und in einem Sieb abtropfen lassen, dann noch feiner hacken und unter die Knoblauchbutter mischen. Eine Auflaufform oder Springform mit Olivenöl einfetten. Teig nochmals durchkneten, zu einem Rechteck formen und dieses zu einem ca. 40 x 50 cm großen Fladen ausrollen. Großzügig mit der Knoblauchbutter bestreichen, wobei ca. 1/4 der Butter noch aufgehoben werden soll. Feta fein darüberkrümeln, Teigfladen aufrollen, in Frischhaltefolie einschlagen und diese Teigrolle für 15 Minuten in den Gefrierschrank legen, damit sie fest wird und man sie leichter in Scheiben schneiden kann. Teigrolle in 3 bis 4 cm dicke Scheiben schneiden, diese Teigschnecken nebeneinander in die Auflaufform legen, sodass sie sich berühren. Restliche Knoblauchbutter erwärmen und die Brotschnecken damit bestreichen, 15 Minuten stehen lassen und dann 30 Minuten bei 180 Grad im Ofen backen, bis sie goldbraun sind.

Italienische Minestrone VEGAN

Zutaten für 4 Portionen

3 Auberginen
100 g Zucchini
1 Wirsingkohl
4 Tomaten
2 EL Olivenöl
1,5 l Gemüsebrühe
4 Kartoffeln
100 g Fisolen (grüne Bohnen)
150 g weiße Bohnen, aus
dem Glas oder der Dose
100 g Reis
Salz
Pfeffer

Auberginen und Zucchini klein würfeln, Kohl in Streifen schneiden, Tomaten würfeln. Dieses Gemüse in Olivenöl kurz anrösten, mit Suppe aufgießen. Bohnen abbrausen, Kartoffeln schälen und würfeln und alles zur Suppe geben. Reis einrieseln lassen. Mit Salz und Pfeffer abschmecken und zugedeckt 20 Minuten garen.
Mit frischem Baguette servieren.

Tipp: Falls vorhanden, können Sie zur Suppe auch noch getrocknete Steinpilze geben.

Grüner Salat mit Caesars Dressing

Zutaten für 4 Portionen

1 frischer, grüner Salat
Frische Kräuter nach Belieben
z. B. Basilikum, Petersilie,
Schnittlauch etc.

Für das Dressing:
1 TL Estragonsenf
6 EL Olivenöl
2 EL Weingeistessig
40 g geriebener Parmesan
1 EL Naturjoghurt

Grünen Salat waschen, trocken schleudern, in mundgerechte Stücke zupfen und in eine große Salatschüssel geben. Für das Dressing alle Zutaten cremig rühren und über den Salat gießen. Die Kräuter fein hacken und entweder in das Dressing einrühren oder den Salat damit bestreuen.

Garten-Mäderl

Zutaten für 12 bis 16 Portionen

18 Scheiben Toastbrot
(ca. 450 g) oder ein anderes
Brot ohne Rinde
250 g Gemüse, z. B. Karotten,
Paprika, Champignons etc.
60 g Essiggurken
400 g Frischkäse
125 ml Sauerrahm
(saure Sahne)
Salz
Pfeffer
6 hart gekochte Eier

Für die Tortenoberfläche:
200 g Frischkäse
2 EL Sauerrahm
(saure Sahne)
Salz
Pfeffer
4 EL geschnittenen
Schnittlauch
Radieschen, Essiggurke und
gelber Paprika zum Garnieren

Gemüse und Essiggurken klein schneiden, mit Frischkäse, Sauerrahm (saure Sahne) verrühren. Mit Salz und Pfeffer abschmecken.
Eine Springform (24 cm Durchmesser) mit Backpapier auslegen, den Rand innen dünn mit Rapsöl bepinseln (damit der Reifen später leicht abnehmbar ist), 6 Scheiben Toastbrot so zuschneiden, dass der Boden der Form damit eng ausgelegt ist. Diesen Boden mit der Hälfte der Gemüsecreme bestreichen. Die Eier schälen und in Scheiben schneiden, die Hälfte auf die Creme legen.
Weitere 6 Scheiben Toastbrot darauflegen, die restliche Creme verteilen, wieder mit Eiern belegen und abschließend die restlichen Toastbrotscheiben verteilen. Leicht von oben andrücken und die Torte 2 Stunden kalt stellen.
Für die Tortenoberfläche Frischkäse mit Sauerrahm (saure Sahne), Salz und Pfeffer verrühren. Torte aus dem Kühlschrank nehmen, den Tortenreifen abnehmen und mit der Creme rundum einstreichen. Tortenrand mit Schnittlauch bestreuen. Mit den restlichen Zutaten ein Gesicht gestalten: Radieschen als Augen, Essiggurke als Mund, Paprika in Streifen geschnitten als Augenbrauen und für die Gestaltung der Haare.

Tipp: Ideal ist es, wenn Sie die Torte über Nacht durchziehen lassen. Das Rezept eignet sich auch zur Verwertung von trockenem Brot!

Marillen-Lassi VEGAN

Zutaten für 4 Gläser

300 g Sojajoghurt, natur
200 g Marillen
Saft von 1/2 Bio-Zitrone

Marillen (Aprikosen) entkernen und in einem hohen Mixglas gemeinsam mit dem Sojajoghurt und dem Zitronensaft mit dem Pürierstab zu einem schäumenden Getränk mixen. Im Kühlschrank aufbewahren.

Tipp: Probieren Sie dieses Getränk zur Abwechslung mit Pfirsichen oder Nektarinen bzw. mischen Sie verschiedene Früchte mit Marillen (Aprikosen).

Rucola-Tomaten-Salat mit Granaspänen

Zutaten für 4 Portionen

1 Handvoll Rucola
4 Tomaten
20 g in feine Späne
gehobelter Grana
Dressing nach Wahl

Rucola waschen und abtropfen lassen. Tomaten halbieren oder vierteln. Tomaten auf dem Rucola anrichten, mit einem Dressing nach Wahl marinieren und mit den Granaspänen dekorieren.

VEGAN-Tipp: Grana durch vegane Alternativen ersetzen bzw. einfach weglassen.

22. JULI

Rosmarinessig

Zutaten für 1 Liter

10 EL Rosmarinblätter
Einige Pfefferkörner
2 Knoblauchzehen
1 EL Senfkörner
1 l Weingeistessig

Rosmarinblätter, Pfefferkörner, Knoblauchzehen und Senfkörner mit dem Essig aufgießen. 2 bis 4 Wochen in der Küche bei 20 bis 25 Grad stehen lassen, gelegentlich mit einem sauberen Löffel umrühren.
Ist der gewünschte Geschmack erreicht, abseihen, in Flaschen füllen und verschließen.

23. JULI

Käsekuchen vom Blech

Zutaten für 24 Stück

Für den Kuchenboden:
500 g Dinkelmehl
250 g Butter
125 g Rohrzucker
1 Eier

Für die Topfenmasse:
10 Eier
250 g Rohrzucker
2 kg Topfen (Quark)
60 g Dinkelmehl
150 g steif geschlagene Schlagsahne

Für den Beerenbelag:
250 g rote und weiße Ribisel (Johannisbeeren)
250 g Himbeeren
250 g Heidelbeeren

Außerdem:
50 g Kristallzucker
2 EL Staubzucker (Puderzucker)

Den Backofen auf 170 Grad vorheizen.
Für den Kuchenboden alle Zutaten verkneten und 30 Minuten kalt stellen. Für die Topfenmasse Eier mit Zucker 5 Minuten schaumig schlagen, Topfen (Quark) und Mehl unterrühren und zuletzt die Schlagsahne unterheben. Teig auf bemehlter Arbeitsfläche ausrollen und ein gefettetes, tiefes Backblech damit auslegen. Teig mehrmals einstechen, Topfenmasse auf den Teig streichen und im vorgeheizten Backofen bei 170 Grad ca. 1 Stunde backen. Kuchen herausnehmen und abkühlen lassen. Für den Beerenbelag die Beeren auf den Kuchen legen, 50 g Kristallzucker karamellisieren und auf den Kuchen träufeln. Mit Staubzucker (Puderzucker) bestreut servieren.

Tipp: Gut geeignet, wenn Sie viele Gäste erwarten!

Kartoffel-Fisolen-Salat mit Joghurt-Mayonnaise

Zutaten für 4 Portionen

Für den Salat:
600 g Kartoffeln
200 g Fisolen (grüne Bohnen)
1/2 Eisbergsalat
8 eingelegte Artischocken
1 EL Kapern
2 EL grüne, entkernte Oliven

Für die Joghurt-Mayonnaise:
250 g Naturjoghurt, 1 %
250 g Sauerrahm (saure Sahne)
1 EL Estragonsenf
2 TL Weingeistessig
2 EL Mayonnaise aus der Tube
1/2 TL Meersalz

Für den Salat die Kartoffeln in einem großen Topf mit Wasser bedecken, sprudelnd aufkochen, 5 Minuten weiterkochen, dann auf der abgeschalteten Herdplatte 20 Minuten garen. In der Zwischenzeit die Blätter vom Salat lösen und in schmale Streifen schneiden, Artischocken abtropfen lassen. Wasser zum Kochen bringen und die Fisolen (grüne Bohnen) 7 Minuten blanchieren, kalt abspülen und abtropfen lassen. Die fertig gekochten Kartoffeln abseihen, kalt abspülen, schälen und in Stücke schneiden. Für das Dressing alle Zutaten gut verrühren. Eisbergsalatstreifen in eine große Schüssel geben, die Artischocken, Kapern, Oliven, Bohnen und Kartoffeln zugeben, vorsichtig durchmischen und die Joghurt-Mayonnaise unterheben.

Pfirsichmarmelade VEGAN

Zutaten

3 kg reife Pfirsiche
1 kg Gelierzucker 1:3

Pfirsiche waschen, entkernen, halbieren und in einen Topf geben. Die Früchte aufkochen, mit elektrischem Pürierstab pürieren, Zucker zugeben und 5 Minuten kochen. Heiß in vorbereitete, saubere Gläser füllen (müssen auf einem befeuchteten Tuch stehen!) und verschließen. Umdrehen und erkalten lassen.

Tipp: Verwenden Sie statt Pfirsichen Marillen oder Nektarinen. Ein himmlischer Genuss!

JULI

Karfiol-Gratin

Zutaten für 4 Portionen

1 Karfiol (Blumenkohl)
250 g Sauerrahm
(saure Sahne)
2 Eier
Salz
Pfeffer
Gemischte Kräuter
150 g geriebener Mozzarella

Den Backofen auf 180 Grad vorheizen.
Karfiol (Blumenkohl) in kochendem Salzwasser bissfest kochen und mit kaltem Wasser kurz abschrecken. Den Sauerrahm (saure Sahne) mit den Eiern verrühren, salzen, pfeffern und mit Kräutern abschmecken. Den Karfiol (Blumenkohl) in eine feuerfeste, mit Backpapier ausgekleidete Form geben und die Rahm-Eier-Mischung darübergießen. Mit dem Käse bestreuen und bei 180 Grad im vorgeheizten Backofen 20 bis 25 Minuten überbacken.

Tipp: Dieses Gratin lässt sich auch gut mit Brokkoli zubereiten.

Flammkuchen mit Tomaten und Champignons

Zutaten für 4 Portionen

Für den Teig:
400 g Dinkelmehl
200 ml Wasser
2 EL Olivenöl
1 Prise Salz

Für den Belag:
400 g Sauerrahm
(saure Sahne)
6 EL Estragonsenf
Salz
Pfeffer
2 TL gehacktes Basilikum
250 g kleine Tomaten
150 g Champignons
2 Stangen Lauch
200 g geriebener Bergkäse

Den Backofen auf 200 Grad vorheizen.
Mehl, Wasser, Öl und Salz zu einem glatten Teig verarbeiten, 10 Minuten abgedeckt ruhen lassen.
Für den Belag Sauerrahm (saure Sahne) und Senf verrühren, mit Salz und Pfeffer abschmecken, Basilikum einrühren.
Tomaten und Champignons in dünne Scheiben schneiden.
Lauch in dünne Ringe schneiden.
Teig dünn zu 2 Fladen ausrollen, mit der Creme bestreichen, Gemüse darauf verteilen. Mit Käse bestreuen und bei 200 Grad 10 bis 15 Minuten backen. Heiß servieren.

28. JULI

Tabbouleh mit Quinoa

Zutaten für 4 Portionen

Für den Tabbouleh:
200 g Quinoa
500 ml Wasser
1 Bund glatte Petersilie
4 Zweige frische Minze
1/2 Schlangengurke
2 Fleischtomaten
4 Frühlingszwiebeln

Für die Marinade:
Saft von 2 Bio-Zitronen
4 EL Olivenöl
Salz
Pfeffer

Für den Tabbouleh Quinoa in 500 ml Wasser etwa 10 Minuten kochen, vom Herd nehmen und weitere 20 Minuten quellen lassen. Zwiebeln klein schneiden. Petersilie und Minze hacken. Gurke klein würfelig schneiden. Tomaten von den Stielansätzen befreien und ebenfalls würfeln. Quinoa mit einer Gabel auflockern und das Gemüse mit Kräutern untermischen. Für die Marinade Zitronensaft und Öl mit Salz und Pfeffer vermengen und über den Gemüsesalat gießen, mindestens 1 Stunde durchziehen lassen, nochmals durchrühren und servieren.

Tipp: Mit einer Prise Kreuzkümmel schmeckt der Salat orientalisch. Variieren Sie auch nach Belieben die Gemüsesorten. Verwenden Sie statt Quinoa zur Abwechslung Bulgur (gleiche Zubereitung!).

29. JULI

Marillenkuchen

Zutaten für 1 Kuchen

Für den Teig:
240 g Butter
200 g Rohrzucker
1 TL Vanillezucker
1 Prise Salz
4 Eier
200 g Dinkelmehl
60 g geriebene Mandeln
1 TL Weinsteinbackpulver

Für die Streusel:
200 g Dinkelmehl
140 g Butter
70 g Rohrzucker
20 Marillen

Den Backofen auf 170 Grad vorheizen.
Für den Teig Butter, Zucker, Vanillezucker und Salz sehr schaumig schlagen, Eier zugeben, weiterschlagen, Mehl, Mandeln und Backpulver unterheben und die Masse in eine rechteckige, 4 cm hohe Form füllen. Die halbierten Marillen (Aprikosen) mit der Schnittfläche nach oben auf den Kuchenteig legen. Für die Streusel alle Zutaten verkneten, bis Streusel entsteht, und über den Kuchen streuen. Bei 170 Grad im vorgeheizten Backofen ca. 35 Minuten backen.

Gemüsepfanne mit Schafskäse

Zutaten für 4 Portionen

100 g Langkornreis
200 g Wasser
Salz
2 EL Olivenöl
400 g Chinakohl
1 roter Paprika
4 Karotten
2 Tomaten
150 g Schafskäse
3 EL Wasser

Reis bissfest kochen. Den Paprika und den Chinakohl in Streifen schneiden. Die Karotten schälen und in Streifen schneiden. Die Tomaten vierteln. Den Schafskäse in Würfel schneiden. Olivenöl in einer Pfanne erhitzen, das Gemüse beimengen und unter ständigem Rühren braten. Mit Wasser aufgießen und zugedeckt weich dünsten. Kurz vor dem Servieren den Schafskäse unterrühren. Die Gemüsepfanne gemeinsam mit dem Reis anrichten.

Obstsalat mit Vanillejoghurt VEGAN

Zutaten für 4 Portionen

300 g Erdbeeren
100 g Mangofruchtfleisch
1/2 TL Limettensaft
250 g Heidelbeeren
300 g Vanille-Sojajoghurt

Die Erdbeeren grob hacken und in 4 hohe Gläser/Schalen mit ca. 8 cm Durchmesser füllen. Mangofruchtfleisch würfeln und mit Limettensaft beträufeln. Auf die Erdbeeren schichten, darüber die Heidelbeeren, zum Schluss das Joghurt.

Tipp: Sie können jedes beliebige Obst (je nach Vorlieben, je nach Jahreszeit) verwenden. Genießen Sie dieses erfrischende Gericht zum Frühstück, so können Sie das Obst bereits am Vorabend klein schnippeln und in geschlossenen Behältern im Kühlschrank aufbewahren.
Sie können den Obstsalat nach Belieben mit gemischten Samen (Sonnenblumenkerne, Kürbiskerne, Sesam, Leinsamen) bestreuen oder mit den funkelnden Kernen eines Granatapfels dekorieren.

August

Der Tipp für den Monat August

Kneippen hält uns fit: Das Tautreten ist die beste Maßnahme für eine intakte Immunabwehr, für fitte Nerven und für extra viel Energie!

So geht's: Man schreitet am besten gleich in der Früh für 2 bis 3 Minuten im sogenannten »Storchengang« (abwechselnd ein Knie in einem Winkel von 90 Grad anheben) durch das taunasse Gras. Danach die Füße nicht abtrocknen, sondern einfach warme Socken anziehen und durch schnelles Gehen die Füße wieder aufwärmen.

1. AUGUST

Spinat-Tarte

Zutaten für 4 Portionen

250 g Dinkelmehl
Salz
1 Msp. Weinsteinbackpulver
150 g Butter
2 EL Wasser
500 g Blattspinat
1 Stange Lauch
1 Zwiebel
Rapsöl
300 g Crème fraîche
4 Eier
Salz
Pfeffer
1 Prise geriebener Muskat

Den Backofen auf 180 Grad vorheizen.

Mehl, Salz, Backpulver, Butter und Wasser verkneten. Teig ausrollen, Tarteform mit Öl bepinseln und mit dem Teig auslegen. Rand andrücken, Boden öfters einstechen. Ca. 1 Stunde kühl stellen.

Für den Belag den Spinat waschen, putzen und grob hacken. Den Lauch waschen, putzen und klein würfeln. Zwiebel würfeln und mit Lauch und Spinat in heißem Öl anbraten. Crème fraîche, Eier, Salz, Pfeffer und Muskat verrühren. Boden ca. 10 Minuten backen, Gemüse auf der Tarte verteilen und den Crème-fraîche-Guss darübergießen, weitere 30 bis 35 Minuten backen.

2. AUGUST

Orientalische Spaghetti VEGAN

Zutaten für 4 Portionen

320 g Dinkelspaghetti

Für die Soße:
250 g Kirschtomaten
6 frische Feigen
3 Knoblauchzehen
4 EL Olivenöl
1 TL Kristallzucker
1/2 TL gemahlene Kurkuma
1/2 TL gemahlener
Kreuzkümmel
80 ml Weißwein
Salz
Pfeffer
2 EL gehackte Petersilie

Spaghetti in kochendem Salzwasser al dente kochen, abgießen und abtropfen lassen. Für die Soße Kirschtomaten halbieren. Feigen mit einem trockenen Küchenpapier abreiben und achteln. Knoblauch in Scheiben schneiden und mit den Kirschtomaten und Feigen in einer Pfanne in etwas Olivenöl anrösten. Kristallzucker und Gewürze zugeben, mit Wein aufgießen und kurz aufkochen. Soße mit Salz und Pfeffer abschmecken, die Spaghetti und etwas Petersilie untermengen.
Auf Tellern anrichten und mit restlicher Petersilie bestreuen.

3. AUGUST

Brombeeren mit Haferflockenkruste VEGAN

Zutaten für 4 Portionen

125 g pflanzliche Margarine
60 g grobe Haferflocken
40 g Mandelblättchen
30 g Sonnenblumenkerne
70 g Dinkelmehl
1 TL gemahlener Zimt
75 g Rohrzucker
500 g Brombeeren
2 TL Speisestärke
50 g Staubzucker
(Puderzucker)

Den Backofen auf 180 Grad vorheizen.
Margarine in einem kleinen Topf bei schwacher Hitze zerlassen. Haferflocken, Mandelblättchen, Sonnenblumenkerne, Mehl, Zimt und Zucker in einer Schale vermischen. Brombeeren verlesen und in eine weite, flache, ofenfeste Form (ca. 750 ml Inhalt) füllen, die Speisestärke und den Staubzucker (Puderzucker) darüberstreuen und sehr behutsam untermischen. Die zerlassene Margarine über die Haferflockenmischung gießen und das Ganze so auf den Brombeeren verteilen, dass noch immer Brombeeren etwa zur Hälfte sichtbar sind. Im vorgeheizten Backofen bei 180 Grad ca. 25 Minuten backen.

Avocadodip mit Chips und Gemüsesticks `VEGAN`

3 reife Avocados
80 g Sojajoghurt, natur
2 in feine Ringe geschnittene
Frühlingszwiebeln
1/2 TL edelsüßes
Paprikapulver
2 Tüten Maischips
4 Karotten
1 Stangensellerie
Anderes Gemüse nach
Belieben z. B. Gurken,
Zuckerschoten etc.

Avocados schälen und das Fruchtfleisch mit der Gabel zerdrücken. Sojajoghurt einrühren, die geschnittenen Frühlingszwiebeln und das Paprikapulver unterrühren. Das Gemüse putzen und zu Sticks schneiden. Avocadodip in Schälchen anrichten und mit den Maischips und Gemüsesticks reichen.

Vegetarische Variante: Rühren Sie ein Stück (etwa 50 bis 70 g) Blauschimmelkäse (z. B. Roquefort) unter das Avocadomus. Die beiden Zutaten harmonieren perfekt!

Dillfisolen

1 kg Fisolen (grüne Bohnen)
20 g Butter oder Rapsöl
20 g Dinkelmehl
200 ml Wasser und
Suppenwürze
250 g Sauerrahm
(saure Sahne)
1 EL fein gehackte Dillspitzen
Salz
Pfeffer
Etwas Weingeistessig

Fisolen (grüne Bohnen) putzen, weich kochen und schräg schneiden. Butter schmelzen, Mehl einrühren und hell rösten, mit Wasser und Suppenwürze aufgießen und unter ständigem Rühren einige Minuten kochen. Von der heißen Herdplatte nehmen und den Rahm in die nicht mehr kochende Flüssigkeit einrühren. Unter ständigem Rühren wieder aufkochen, die gekochten Fisolen (grünen Bohnen) untermengen, Dill dazugeben und mit Salz, Pfeffer und Essig abschmecken.

6. AUGUST

Melonen-Bowle

Zutaten für 8 bis 10 Portionen

1 Wassermelone
1 Honigmelone
Saft von 2 Bio-Zitronen
4 EL Kristallzucker
1 Flasche Weißwein
1 Flasche Sekt

Die Melonen in kleine Kugeln portionieren, dabei die Kerne entfernen. Die Früchte mit Zitronensaft beträufeln und in eine große Schüssel geben. Mit Weißwein und Sekt aufgießen.

Tipp: Sie können die Bowle auch alkoholfrei zubereiten. Statt Weißwein und Sekt nehmen Sie 1 l Apfelsaft und 1 l prickelndes Mineralwasser.

7. AUGUST

Pfifferlings-Quiche

Zutaten für 4 Portionen

Für den Teig:
250 g Dinkelmehl
1/2 TL Meersalz
125 g Butter
1 Ei
3 EL Milch oder Wasser
2 EL Kräuter, z. B. Majoran, Petersilie

Für die Fülle:
300 g Eierschwammerl (Pfifferlinge)
150 g Schalotten
2 Knoblauchzehen
2 EL Olivenöl
3 EL Wasser

Für den Aufguss:
250 g Sauerrahm (saure Sahne)
4 Eier
Salz
Pfeffer

Den Backofen auf 180 Grad vorheizen.
Für den Teig alle Zutaten mit der Küchenmaschine (Knethaken!) verkneten, Teig dünn ausrollen und eine befettete Quicheform (26 cm Durchmesser) damit auslegen. Teig mit einer Gabel mehrmals einstechen und im vorgeheizten Backofen bei 180 Grad 25 Minuten backen. In der Zwischenzeit die Fülle zubereiten: Schalotten in feine Ringe und Knoblauch in feine Scheiben schneiden, beides in Olivenöl braten, geputzte Pilze zugeben, mit Wasser aufgießen und alles unter Rühren 2 bis 3 Minuten braten, zur Seite stellen.
Sauerrahm (saure Sahne) mit Eiern und Gewürzen verquirlen.
Die Fülle auf der Quiche verteilen, mit dem Aufguss übergießen und im Backofen weitere 25 bis 30 Minuten bei 180 Grad backen.

Gemüseeintopf mit Aioli-Baguette

Zutaten für 4 Portionen

Für den Eintopf:
1 l Gemüsesuppe
100 ml trockener Weißwein
2 Lorbeerblätter
2 TL Fenchelsamen
1 Brokkoli, Röschen und klein geschnittener Stiel
1/2 in Streifen geschnittene Sellerieknolle
200 g in Scheiben geschnittene Karotten
300 g in Streifen geschnittener Fenchel
600 g geschälte und würfelig geschnittene Kartoffeln
1 TL Mayonnaise

Außerdem:
Aioli
1 Stange Weißbrot-Baguette

Gemüsesuppe, Wein, Lorbeer und Fenchelsamen aufkochen, Gemüse einlegen und zugedeckt 10 Minuten kochen lassen. Einen Schöpfer Suppe aus dem Topf nehmen und mit Mayonnaise mit dem Pürierstab aufmixen, dann in die heiße Suppe rühren, die Suppe aber nicht mehr kochen lassen. Den Eintopf in Suppenschalen anrichten.
Dazu das aufgeschnittene Baguette mit Aioli reichen.

Zutaten für Aioli:
2 gepresste Knoblauchzehen
50 g Naturjoghurt, 1 %
50 g Sauerrahm (saure Sahne)
2 EL Mayonnaise
1 TL Estragonsenf
1 Prise Salz
2 TL Zitronensaft
Salz
Pfeffer
Für die Knoblauchcreme (Aioli) alle Zutaten gut vermengen und in Schüsselchen anrichten.

9. AUGUST

Zucchini-Chutney

Zutaten für ca. 1 kg

2 EL Olivenöl
400 g klein geschnittene Zwiebeln
4 Knoblauchzehen
2 rote Chilischoten
600 g Zucchini
200 ml Apfelessig
10 schwarze Pfefferkörner
1 TL edelsüßes Paprikapulver
2 EL Rohrzucker
1/2 TL Salz
1 Rosmarinzweig

Olivenöl erhitzen, die Zwiebeln anbraten, Knoblauchzehen mitbraten, Chilischoten untermengen, alles zusammen ca. 5 Minuten dünsten. Zucchini in kleine Würfel schneiden, in die Pfanne dazugeben, Essig hinzufügen und bei schwacher Hitze ca. 15 Minuten köcheln lassen, bis die Zucchini weich sind. Pfeffer, Paprika, Zucker und Salz untermengen, alles nochmals aufkochen und ca. 45 Minuten einkochen lassen (bis die Flüssigkeit verdampft ist). Rosmarinzweig hacken und unterrühren. Saubere Gläser auf einem feuchten Geschirrtuch vorbereiten, das Chutney einfüllen, die Gläser gut verschließen und sofort auf den Kopf stellen.

Tipp: Ungeöffnet ist das Chutney ca. 1 Jahr haltbar. Geöffnet im Kühlschrank aufbewahren und rasch verbrauchen. Das Chutney passt sehr gut zu Reisgerichten, zu Käse oder kann als Vorspeise mit Weißbrot gereicht werden.

10. AUGUST

Pilzomelett

Zutaten für 4 Omeletts

1 Stange Lauch
6 Eier
40 g Dinkelmehl
200 g Pilze,
z. B. Champignons,
Austernpilze etc.
2 EL Olivenöl
Petersilie
Salz
Pfeffer

Lauch in kleine Ringe schneiden. Eier mit Mehl verquirlen, etwas salzen. Pilze mit Lauch in Olivenöl anbraten, mit Petersilie, Salz und Pfeffer würzen. Für 1 Omelett gibt man nun jeweils 1/4 der Pilzmischung in eine heiße Pfanne und gießt mit 1/4 der Eier-Mehl-Mischung auf, stocken lassen und vorsichtig wenden. Auf der zweiten Seite braten und mit Petersilie garniert servieren. Für die weiteren Omeletts genauso verfahren.

Tipp: Für ein Gemüseomelett können Gemüsereste verwertet werden.

11. AUGUST

Brokkoli-Nudeln

Zutaten für 4 Portionen

400 g Dinkelnudeln

Für die Soße:
1 Brokkoli
2 EL Olivenöl
250 ml Wasser
Suppenwürze
2 EL Dinkelmehl
150 g pflanzliche Sahne

Nudeln bissfest kochen. Für die Soße Brokkoliröschen vom Strunk schneiden, ganz kurz im Olivenöl anbraten, mit Wasser aufgießen, Suppenwürze zugeben und zugedeckt 5 bis 7 Minuten kochen lassen. Von der heißen Kochplatte nehmen. Dinkelmehl mit Sahne cremig rühren und in die nicht mehr kochende Brokkolisoße einrühren. Unter ständigem Rühren kurz aufkochen lassen. Dinkelnudeln portionsweise mit der Soße übergießen.

Dazu passen grüner Salat, Gurkensalat und Rote-Rüben-Salat (Rote-Bete-Salat).

12. AUGUST

Eiskaffee-Torte mit Himbeeren

Zutaten für 1 Torte

Für den Teig:
7 EL Rapsöl
3 Eier
1 EL Weingeistessig
125 g Rohrzucker
1 Prise Salz
100 g Dinkelmehl
8 g Weinsteinbackpulver

Für den Belag:
500 g Himbeeren
100 ml Eierlikör
150 ml Milch
100 ml Rum
15 Biskotten (Löffelbiskuits)
400 g Schlagsahne
1 Beutel lösliches
Eiskaffeepulver
1 – 2 EL Kakao

Den Backofen auf 180 Grad vorheizen.

Für den Teig Rapsöl, Eier, Essig, Zucker und Salz schaumig schlagen, Mehl und Backpulver unterrühren. Teig in eine befettete Springform füllen und im vorgeheizten Backofen bei 180 Grad ca. 25 Minuten backen. Auskühlen lassen. Für den Belag Beeren verlesen, 100 g Beeren für die Dekoration beiseitelegen. Den ausgekühlten Boden mehrmals einstechen, mit Eierlikör beträufeln, Beeren darauf verteilen. Milch mit Rum mischen, die Biskotten (Löffelbiskuits) darin wenden und sie kreisförmig auf die Beeren legen. Schlagsahne mit Eiskaffeepulver und Vanillezucker steif schlagen und auf den Biskotten (Löffelbiskuits) verteilen. Die Torte ca. 1 Stunde kalt stellen. Vor dem Servieren mit gesiebtem Kakao bestäuben, mit restlichen Himbeeren dekorieren.

13. AUGUST

Fruchtige Marmeladen

Zutaten

4 kg Früchte nach Belieben
500 g Honig
2 EL Agar-Agar

Gläser waschen und samt Deckel auf feuchten Geschirrtüchern bereitstellen. Die Früchte waschen, entkernen, in einem großen Topf unter Rühren aufkochen, mit dem Stabmixer pürieren, rühren, Honig einrühren, leicht kochen lassen, zuletzt in einem kleinen Schüsselchen einige Löffel Marmelade mit Agar-Agar verrühren und dann unter das Fruchtmus mischen. Das kochende Mus in die vorbereiteten Gläser bis 5 mm unter den Glasrand füllen, den Rand säubern, Glas sofort mit dem Deckel verschließen und auf den Kopf stellen. So erkalten lassen. Danach können die Gläser auf dem Glasboden stehend im Kühlen aufbewahrt werden.

Tipp: Gut harmonieren:
Ribisel, Kirschen, Holunderbeeren, Brombeeren
Marillen (Aprikosen), Mirabellen, Zitrone, Ingwer
Pfirsiche, Äpfel
Zwetschken (Pflaumen), Holunderbeeren
Erdbeeren, Holunderblüten

14. AUGUST

Kartoffel-Karotten-Brokkoli-Pfanne VEGAN

Zutaten für 4 Portionen

3 EL Olivenöl
500 g Karotten
500 g Kartoffeln
500 g Brokkoliröschen
500 ml Wasser
1 Suppenwürfel
Basilikum

In die heiße Pfanne Olivenöl geben und die klein geschnittenen Karotten und Kartoffeln kurz anbraten, die Brokkoliröschen hinzufügen und mit Wasser ablöschen. Den Suppenwürfel dazugeben, 15 Minuten köcheln lassen.
Kurz vor dem Servieren mit Basilikum bestreuen.

Linguine mit Zitrone, Thymian und Pilzen VEGAN

Zutaten für 4 Portionen

250 g Pilze,
z. B. Egerlinge, Champignons,
Steinpilze – je nach Pilzsaison
80 ml Olivenöl
1 TL Salz
1 kleine Knoblauchzehe
Abrieb und Saft von
1 Bio-Zitrone
1 TL Thymianblättchen
500 g Linguine
(= schmale Bandnudeln)
1 Bund gehackte Petersilie
Frisch gemahlener Pfeffer

Pilze in dünne Streifen schneiden und mit Öl, Salz, zerdrücktem Knoblauch, Zitronensaft und -abrieb und Thymianblättchen in eine große Schüssel geben, gut vermischen.

Die Linguine in reichlich Salzwasser bissfest kochen, kurz abseihen, nicht lange abtropfen lassen, sondern rasch zu der Pilzmischung geben. Alles gründlich mischen, Petersilie, Pfeffer hinzufügen, gut verrühren und genießen.

Asiatischer Gemüsetopf mit Reis VEGAN

Zutaten für 4 Portionen

250 g Reis
1 Stange Lauch
3 Knoblauchzehen
500 g Fisolen (grüne Bohnen)
250 g Karotten
100 g Sprossen
Sojasoße
Salz
Pfeffer
4 EL Olivenöl
Gehackte Petersilie

Reis nach Packungsanleitung kochen.

Lauch in Scheiben schneiden, Knoblauch pressen. Karotten in längliche Stifte schneiden und in kochendem Salzwasser gemeinsam mit den Fisolen (grüne Bohnen) bissfest kochen. Sprossen waschen.

Knoblauch und Lauch in Olivenöl anrösten, mit Sojaße ablöschen, restliches Gemüse unterheben, Petersilie dazugeben und mit Salz und Pfeffer abschmecken. Gemeinsam mit dem Reis servieren.

17. AUGUST

Kokoseis

Zutaten für 4 Portionen

600 ml Kokosmilch
150 g Staubzucker
(Puderzucker)
10 g Bourbon-Vanillezucker
Saft und Abrieb von
1 Bio-Limette

Kokosmilch mit Zucker erhitzen und 1 Minute sprudelnd kochen, vom Herd nehmen, Vanillezucker und Limettenschale und -saft hinzufügen, die Masse im kalten Wasserbad abkühlen lassen.
In einen gefrierfesten Behälter füllen und 4 Stunden im Tiefkühlfach belassen. Immer wieder umrühren, damit die Masse gleichmäßig gefriert.

Tipp: Mit Obst der Saison dekorieren!

18. AUGUST

Gegrillte Käsebrote mit Apfel-Kohl-Salat

Zutaten für 4 Sandwiches

Für die Käsebrote:
4 TL Mayonnaise
1 TL Worcestersoße
8 Scheiben Weißbrot, vom
Laib geschnitten
150 g würziger Hart-
oder Schnittkäse
2 Tomaten
Pfeffer
Olivenöl

Für den Apfel-Kohl-Salat:
2 Äpfel
2 Karotten
150 g Chinakohl
4 EL Mayonnaise
2 EL Mangochutney
(oder 2 TL Rohrzucker)
2 EL Zitronensaft
1 TL Kümmel
1 Prise Salz

Für die Käsebrote Mayonnaise mit Worcestersoße verrühren und die Brotscheiben damit einseitig bestreichen. Käse und Tomaten in dünne Scheiben schneiden und auf 4 Brotscheiben verteilen, etwas Pfeffer darübermahlen und mit den restlichen Brotscheiben bedecken. 4 TL Olivenöl in eine Tasse gießen. Ein Sandwich in die Hand nehmen, mit der anderen Hand den Backpinsel in das Öl tauchen und das Sandwich damit beidseitig bestreichen. Mit den restlichen Sandwiches ebenso verfahren. Die Käsebrote in die heiße Grillpfanne oder auf den Grill legen, wobei die Brote beschwert werden sollen (z. B. mit einem Topf). Die Sandwiches pro Seite 2 Minuten braten. (Das Beschweren entfällt, wenn Sie einen Plattengriller verwenden.)
Für den Apfel-Kohl-Salat die Äpfel- und Karotten in Stifte schneiden, den Chinakohl in feine Streifen. Alles in einer großen Schüssel gut mischen. Mayonnaise mit Mangochutney, Zitronensaft, Kümmel und Salz zu einem Dressing verrühren. Das Dressing auf den Salat geben und gründlich untermischen, dann mit den Sandwiches anrichten.

Beeren-Crumble

Zutaten für 4 Portionen

400 g Beeren
4 TL Speisestärke
8 TL Bourbon-Vanillezucker

Für die Streusel:
400 g Dinkelmehl
1 TL Weinsteinbackpulver
200 g klein gewürfelte
pflanzliche Margarine
7 EL Rohrzucker

Den Backofen auf 200 Grad vorheizen.
Die Beeren in eine große Form oder in mehrere kleine Förmchen füllen, mit der Speisestärke und dem Vanillezucker bestreuen und alles leicht verrühren. Für die Streusel Mehl und Backpulver in einer Schüssel mischen, Margarinewürfel hinzufügen und alles zu Streuseln verarbeiten, Zucker untermischen. Streusel auf den Beeren verteilen und den Crumble im vorgeheizten Backofen 15 Minuten (kleine Förmchen) bis 20 Minuten (Auflaufform) backen.

Tipp: Streusel eignen sich hervorragend zum Einfrieren. So haben Sie immer Streusel für ein feines Dessert zur Verfügung.

Gemüsegulasch

Zutaten für 4 Portionen

100 g Karotten
100 g Kohlrabi
100 g Brokkoliröschen
100 g Kartoffeln
100 q Tiefkühl-Sojabohnen
500 g gehackte Zwiebeln
1 EL Olivenöl
1 EL edelsüßes Paprikapulver
1 l Gemüsesuppe
3 Knoblauchzehen
1 TL gemahlener Kümmel
1 TL Majoran
Salz
Kräuter, nach Belieben

Das Gemüse schälen, würfeln. Zwiebeln in Olivenöl anbraten, Paprikapulver zugeben, mit Suppe ablöschen, aufschäumen. Gemüse, zerdrückten Knoblauch und Gewürze zugeben und fertig dünsten. Mit Kräutern abschmecken.
Dazu passen **Polentaecken** (siehe Seite 198).

Bunter Kichererbsensalat

Zutaten für 4 Portionen

Für den Salat:
400 g Kichererbsen,
aus der Dose
120 g Stangensellerie
1 roter Paprika
1 rote Zwiebel
1 Handvoll Kirschtomaten
150 g Schafskäse
Frische Basilikumblätter

Für die Marinade:
4 EL Weinessig
2 gehackte Knoblauchzehen
Salz
Pfeffer
5 EL Olivenöl

Für den Salat Kichererbsen kalt abspülen. Sellerie in 2 cm breite Stücke schneiden, Paprika in kleine Rauten und Zwiebel in Ringe schneiden. Die Tomaten halbieren. Alle Zutaten der Marinade verrühren. Kichererbsen, Gemüse und Marinade gut vermengen, kurz ziehen lassen und mit dem zerteilten Schafskäse und den Basilikumblättern bestreut servieren.

22. AUGUST

Guacamole

Zutaten für 4 Portionen

2 reife Avocados
2 Limetten
2 fein gehackte Schalotten
2 fein gehackte
Knoblauchzehen
2 Bund fein gehackter oder
getrockneter Koriander
Salz
Pfeffer

Die Avocados schälen, das Fruchtfleisch herauslösen und in einer Schüssel mit einer Gabel zerdrücken. Die Limetten halbieren und mit der Hand ausdrücken. Mit den restlichen Zutaten in der Schüssel verrühren, mit Salz und Pfeffer abschmecken. Den Avocadokern in die Guacamole drücken, damit der Dip nicht braun wird. Bis zum Verzehr mit Frischhaltefolie abdecken. An der Luft verändert der Dip sonst seine Farbe! Reichen Sie dazu Knoblauchbrot.

23. AUGUST

Vegetarisches Moussaka

Zutaten für 4 Portionen

3 Auberginen
Salz
1 Zwiebel
1 Knoblauchzehe
Olivenöl
200 g Sojaschnetzel
400 g gehackte Tomaten
2 EL Tomatenmark
2 EL frisch gehackte Petersilie
2 TL fein gehackte Minze
Pfeffer

Für die Bechamelsoße:
3 EL Butter
3 EL Dinkelmehl
300 ml Milch
75 g geriebener Bergkäse

Den Backofen auf 200 Grad vorheizen.
Die Auberginen in 1/2 cm dicke Scheiben schneiden, mit Salz bestreuen und etwa 1 Stunde ziehen lassen. Zwiebel und Knoblauchzehe fein hacken und in 2 EL Olivenöl anbraten, Sojaschnetzel zugeben, gut durchmischen und kurz weiterbraten. Mit den Tomaten ablöschen, Tomatenmark unterrühren, Kräuter und Gewürze zugeben.
Auberginen abspülen, trocken tupfen und mit viel Öl portionsweise von beiden Seiten braten. Auberginenscheiben abwechselnd mit der Tomatensoße in eine gefettete Auflaufform schichten, mit Auberginen abschließen. Für die Bechamelsoße Butter schmelzen, Mehl rasch einrühren und mit Milch ablöschen, sämig einkochen und über den Auflauf gießen. Mit Käse bestreut im vorgeheizten Backofen bei 200 Grad etwa 45 Minuten backen.

Reisrösti mit Tomaten-Spinat

Zutaten für 4 Portionen

1 Zwiebel
100 g Karotten
2 EL Olivenöl
125 g Risottoreis
100 ml Weißwein
375 ml Gemüsebrühe
Salz
2 EL geriebener Parmesan
Rapsöl
2 Lauchzwiebeln
2 Eier
200 g Kirschtomaten
500 g Blattspinat
Pfeffer
1 Eigelb
1 EL Estragonsenf

Zwiebel und Karotten würfeln. Zwiebeln in heißem Olivenöl glasig braten, Karotten und Reis zugeben, 5 Minuten dünsten, mit Wein ablöschen. Nach 1 Minute Gemüsebrühe zugeben und 20 Minuten garen. Salz, Parmesan und 1 EL Rapsöl unterrühren. Lauchzwiebeln in Ringe schneiden und in 1 EL Rapsöl andünsten. Mit Eiern zum Risotto geben und alles vermengen. In einer Pfanne 1 EL Rapsöl erhitzen und die Hälfte der Risottomasse ca. 5 Minuten braten. Reisrösti in der Pfanne vierteln und wenden. Mit der zweiten Hälfte der Masse danach ebenso verfahren. Tomaten halbieren und mit Spinat erhitzen, würzen. Eigelb und Senf zur Gemüsemischung geben, würzen und zusammen mit den Rösti-Ecken servieren.

AUGUST

Mexikanisches Rührei

Zutaten für 4 Portionen

2 Tomaten
1 roter Paprika
1 Frühlingszwiebel
1 kleine grüne Chilischote, ohne Samen
2 EL Rapsöl
2 weiche Maistortillas
4 verrührte Eier
1 Prise Salz

Tomaten und Paprika entkernen und würfeln, Frühlingszwiebel in feine Röllchen schneiden, Chili fein hacken. Öl in einer großen Pfanne erhitzen. Die Tortillas fest aufrollen und mit einer Küchenschere über der Pfanne in Streifen schneiden, sodass die Streifen direkt ins heiße Öl fallen. Tortillastreifen einige Minuten braten, herausnehmen.
In der Pfanne Tomaten, Paprika, Frühlingszwiebel, Chili unter Rühren ca. 1 Minute garen. Die Tortillastreifen wieder zugeben, alles gut vermischen und die verquirlten Eier mit dem Salz zufügen und wie Rühreier rühren. Sobald die Eier zu stocken beginnen, die Pfanne vom Herd nehmen und weiterrühren, bis die Eier so sind, wie Sie sie mögen.

26. AUGUST

Überbackener Blumenkohl

Zutaten für 4 Portionen

1 großer Karfiol (Blumenkohl)
2 Lorbeerblätter
1 Prise Salz

Für die Käsesoße:
110 g Butter
50 g Mehl
2 TL Senf
500 ml Milch
275 g würziger, geriebener Käse
50 g Käse zum Bestreuen
Frischer Dill zum Bestreuen

Den Backofen auf 200 Grad vorheizen.
Karfiol (Blumenkohl) putzen, in kleine Röschen teilen und in einem Topf mit kaltem Wasser bedecken, Lorbeerblätter und Salz zugeben und einmal aufkochen lassen, 1 Minute ziehen lassen. Abseihen, abschrecken, Lorbeerblätter entfernen und Blumenkohl (Karfiol) gründlich abtropfen lassen. Die Röschen in eine ofenfeste Form füllen (sie sollten eine gleichmäßige Lage bilden) und abgedeckt beiseitestellen.
Für die Käsesoße Butter zerlassen, Mehl und Senf mit dem Schneebesen einrühren, bei mäßiger Hitze anschwitzen. Topf vom Herd nehmen und die Milch mit dem Schneebesen untermischen, Topf wieder aufsetzen und die Soße unter ständigem Rühren erhitzen, bis sie eindickt und zu blubbern beginnt. Käse einstreuen, rühren, bis der Käse geschmolzen ist, abschmecken und gleichmäßig über den Blumenkohl gießen, zuletzt den restlichen Käse darüberstreuen. Im vorgeheizten Backofen bei 200 Grad 20 Minuten überbacken. Dann ist der Karfiol (Blumenkohl) richtig heiß, die Soße wirft Blasen und der Käse ist appetitlich gebräunt.
Mit frischem Dill bestreut servieren.

27. AUGUST

Grüner smoothie VEGAN

Zutaten für 4 Gläser

1 Salatgurke
2 Stangen Sellerie
1 Handvoll Salat, z. B. grüner Salat, Eisberg, Rucola etc.
1 Apfel
1/2 Birne
2 EL Leinöl
Wasser

Gemüse und Obst waschen, gegebenenfalls schälen und klein schneiden. Alles zusammen in einem hohen Messglas pürieren, eventuell etwas Wasser zugeben.

Heidelbeerkuchen

Zutaten für 1 Kuchen

Für den Mürbteig:
200 g Dinkelmehl
1 Ei
120 g Butter
60 g Rohrzucker
1 Prise Salz

Für den Fruchtbelag:
400 g Heidelbeeren
1 Ei
1 Eigelb
250 g Schlagsahne
2 EL Rohrzucker

Den Backofen auf 180 Grad vorheizen.
Für den Mürbteig alle Teigzutaten in einer Küchenmaschine mit dem Knethaken verarbeiten. Diesen Teig mit den Fingern in eine befettete Springform (24 cm Durchmesser) als Boden und Rand drücken.
Für den Fruchtbelag Heidelbeeren auf dem Teig verteilen. Ei, Eigelb, Schlagsahne und Zucker verquirlen und über die Heidelbeeren gießen. Den Kuchen auf der mittleren Schiene bei 180 Grad ca. 30 bis 35 Minuten backen.

Mangold-Topfen-Laibchen mit Kräuterdip

Zutaten für 4 Portionen

Für die Laibchen:
250 g Topfen (Quark)
250 g fein gehackter Mangold, kurz blanchiert
Salz
Pfeffer
Basilikum
Dinkelbrösel, zum Binden
Rapsöl, zum Herausbraten

Außerdem:
Blattsalat, nach Belieben
Tomaten-, Gurkenscheiben, zum Belegen

Für die Laibchen alle Zutaten vermengen und mit den Dinkelbröseln binden. Laibchen formen und in heißem Rapsöl herausbraten.
Vor dem Servieren die Laibchen auf Blattsalat setzen, mit Tomaten- und Gurkenscheiben belegen und mit Kräuterdip servieren.

Zutaten für den Kräuter-Joghurt-Dip:
250 g Naturjoghurt
3 EL Sauerrahm (saure Sahne)
1 TL Mayonnaise
Frische Kräuter, z. B. Basilikum, Petersilie, Schnittlauch, Dill etc.
2 TL Senf
Zutaten cremig verrühren.

30. AUGUST

Tzatzikimousse

Zutaten für 4 Portionen

700 g Salatgurke
400 ml Sojajoghurt
2 EL Olivenöl
Saft von 1/2 Bio-Zitrone
1 gehackte Knoblauchzehe
Salz
Pfeffer
2 EL Agar-Agar

Gurken halbieren, entkernen und fein raffeln, salzen, 10 Minuten ziehen lassen. Joghurt mit Olivenöl, Zitronensaft, Knoblauch, Salz und Pfeffer verrühren. Die gut ausgedrückten Gurken untermischen. Einige Löffel der Joghurt-Mischung gut mit Agar-Agar verrühren, nach dem Eindicken zur restlichen Joghurt-Mischung rühren, einige Stunden kalt stellen.
Dazu knuspriges Schwarzbrot oder Fladenbrot reichen.

31. AUGUST

Pilzschmarren mit Kressedip

Zutaten für 4 Portionen

Für den Pilzschmarren:
200 ml Milch
6 Eier
60 g Dinkelmehl
Salz
Pfeffer
1 Bund Lauchzwiebeln
3 EL Olivenöl
300 g geputzte Pilze,
gemischt oder reinsortig
1 EL Kräuter, z. B. Thymian,
Majoran, Schnittlauch etc.

Für den Kressedip:
1 Kästchen Kresse
250 g Sauerrahm
(saure Sahne)
125 g Naturjoghurt
Senf

Für den Pilzschmarren Milch, Eier und Mehl verquirlen, mit Salz und Pfeffer würzen. Lauchzwiebeln in feine Röllchen schneiden und in Olivenöl anbraten, Pilze zugeben und unter Rühren 3 Minuten braten. Die Milch-Eier-Mischung darübergießen, mit Kräutern würzen. Stocken lassen und vorsichtig wenden, dabei den Schmarrenteig in grobe Stücke reißen. Weiterbraten, bis die Schmarrenstücke rundum goldgelb gebacken sind. Für den Kressedip die Kresse fein schneiden und mit Sauerrahm (saure Sahne) und Joghurt vermischen, mit Senf abschmecken und zum Pilzschmarren reichen.

september

Der Tipp für den Monat September

Jetzt ist die Zeit der Weintrauben: Greifen Sie zu, sie sind reich an Vitaminen, Mineralien, Enzymen, Gerbstoffen und Fruchtsäuren. Trauben kurbeln die Fettverbrennung an und verbessern den Stoffwechsel der Zellen, sie wirken entschlackend und verdauungsfördernd.

Tipp für einen Entschlackungstag: Über den Tag verteilt 1,5 kg Weintrauben essen und mindestens 1,5 bis 2 Liter Wasser und ungesüßte Kräutertees trinken. Dabei aber aufpassen: Trauben und Wasser nicht gleichzeitig konsumieren, sondern in einem Abstand von ca. 30 Minuten. Andernfalls können Verdauungsprobleme wie z. B. Durchfall oder Blähungen auftreten.

1. SEPTEMBER

Karottensuppe *VEGAN*

Zutaten für 4 Portionen

5 EL Haferflocken
3 EL Olivenöl
500 g Karotten
1 l Wasser
Suppenwürze
Salz
Pfeffer aus der Mühle
Kräuter zum Bestreuen

Haferflocken in Olivenöl anrösten. Die geschälten, klein geschnittenen Karottenstücke hinzufügen. Mit Wasser bedecken und Suppenwürze dazugeben. Zugedeckt 15 Minuten kochen lassen. Mit dem Pürierstab fein pürieren und mit Salz und Pfeffer abschmecken. Mit gehackten Kräutern servieren.

Tipp: Man kann auch nach Belieben andere Getreideflocken verwenden.

2. SEPTEMBER

Käse-Polenta-Pizzen

Zutaten für 4 Portionen

Für die Pizzen:

250 ml Gemüsesuppe
60 ml Milch
20 g Butter
100 g Polenta (Maisgrieß)
1 Prise Salz
1 Prise Muskatnuss
1/2 Bund gehacktes Basilikum

Für den Belag:

70 g fein gewürfelter Lauch
200 g geriebener Mozzarella
Oregano
30 g Reibkäse

Den Backofen auf 200 Grad vorheizen.
Für die Pizzen Suppe, Milch und Butter aufkochen, Polenta (Maisgrieß) einrieseln und bei schwacher Hitze unter ständigem Rühren dick einkochen. Von der Herdplatte nehmen, mit Salz, Muskat und Basilikum würzen. Die Masse auf ein mit Backpapier belegtes Backblech in Form von ca. 6 cm großen Kreisen dressieren. Für den Belag Pizzen mit Lauch und Mozzarella belegen, mit Oregano und Reibkäse bestreuen.
Im vorgeheizten Backofen bei 200 Grad werden die Polenta-Pizzen ca. 20 Minuten gebacken.

3. SEPTEMBER

Nerven-Kekse

Zutaten für ca. 30 Stück

315 g Dinkelvollkornmehl
125 g geriebene Mandeln
315 g Butter
200 g Rohrzucker
3 Eigelb
2 Eier
Salz
1/2 Pkg. Weinsteinbackpulver
25 g geriebene Muskatnuss
22 g gemahlener Zimt
3 g gemahlene Nelken

Den Backofen auf 200 Grad vorheizen.
Alle Zutaten zu einem geschmeidigen Teig verrühren, Häufchen mit einem Dressiersack auf ein mit Backpapier belegtes Backblech spritzen (oder mit einem kleinen Löffel setzen).
Im vorgeheizten Backofen bei 200 Grad ca. 25 Minuten backen.

Tipp: Diese Gewürzmischung wirkt gegen Depressionen!

4. SEPTEMBER

Gemüse-Curry

Zutaten für 4 Portionen

1 Zucchini
1 kleines Stück Sellerie
500 g Karotten
250 g Gelbe Rüben
1 Brokkoli
Olivenöl
200 ml Kokosmilch
200 ml Wasser
Suppenwürze
Koriander
Salz
1 EL grüne Currypaste

Zucchini, Sellerie, Karotten und Gelbe Rüben klein schneiden und in einem heißen Topf mit Olivenöl anbraten, mit 200 ml Wasser und der Kokosmilch aufgießen, etwas Suppenwürze zufügen. Den Brokkoli in kleine Röschen teilen und zugeben. Das Gemüse bissfest kochen und mit Koriander, Salz und der Currypaste abschmecken.

Tipp: Dazu passt gut Basmatireis.

5. SEPTEMBER

Gebratener Reis

Zutaten für 4 Portionen

200 g Reis
2 EL helle Sojasoße
2 EL Erdnussöl

Reis in kaltem Wasser ca. 30 Minuten einweichen, abtropfen lassen und in kochendes Wasser geben. Nach einigen Minuten – wenn der Reis halb gar ist – von der Kochstelle nehmen, abgießen und abkühlen lassen. Öl in einer Pfanne erhitzen, Reis darin unter Umrühren braten, bis er goldgelb ist. Sojasoße zugießen und gut verrühren.

Tipp: Dieser gebratene Reis passt gut als Beilage oder auch als eigenes Gericht. Sie können den Reis vor dem Servieren noch mit gehackten Kräutern bestreuen.

6. SEPTEMBER

Gemüse in Bierteig mit Schnittlauchsoße

Zutaten für 4 Portionen

Für den Bierteig:
5 Eier
Salz
Pfeffer
175 g Dinkelmehl
1/2 Pkg. Weinsteinbackpulver
175 ml Bier

Für die Schnittlauchsoße:
1 Bund Schnittlauch
500 g Topfen (Quark)
50 g Naturjoghurt
1 TL Senf

Außerdem:
1 Brokkoli
250 g in Würfel geschnittenes Kürbisfleisch
1 Karfiol (Blumenkohl)
100 g Champignons
7 EL Rapsöl

Für den Bierteig Eier, Salz und Pfeffer schaumig schlagen und das Mehl, vermischt mit dem Backpulver, langsam unter ständigem Rühren einrieseln lassen. Zuletzt das Bier untermengen. Den Teig ca. 25 Minuten rasten lassen. In der Zwischenzeit für die Schnittlauchsoße den Schnittlauch in dünne Röllchen schneiden, Topfen (Quark) mit Joghurt cremig rühren, Senf und Schnittlauch zugeben. Einen großen Topf mit Wasser aufsetzen, nach dem Aufkochen salzen und das klein geschnittene Gemüse bzw. die Röschen zugeben. Das Gemüse ca. 5 bis 7 Minuten leicht kochen lassen, dann abseihen und abschrecken. Eine Pfanne mit Rapsöl erhitzen, das Gemüse mithilfe einer Gabel durch den Bierteig ziehen und ins heiße Fett setzen. Rundum goldgelb braten, auf Küchenpapier abtropfen lassen und mit der Schnittlauchsoße servieren.

Tipp: Dazu passt sehr gut grüner Salat, z. B. mit Kürbiskernöl.

7. SEPTEMBER

Kartoffelpuffer mit Zucchini

Zutaten für 4 Portionen

5 mittelgroße Kartoffeln
2 mittelgroße Zucchini
3 Eier
3 EL Dinkelmehl
1 Msp. Weinsteinbackpulver
Salz
Pfeffer
Rapsöl zum Braten

Kartoffeln in einem großen Topf mit Wasser zum Kochen bringen, zugedeckt bei abgeschalteter Herdplatte 15 Minuten weich kochen. Kartoffeln abseihen, schälen und mit dem Kartoffelstampfer zerdrücken. Zucchini reiben, auspressen und zu den Kartoffeln geben. Mehl, Backpulver, Salz und Pfeffer vermischen und zur Kartoffel-Zucchini-Masse geben. In einer Pfanne Rapsöl erhitzen, mit einem Esslöffel Teig ausstechen, in die Pfanne setzen, flach drücken und von beiden Seiten unter mehrmaligem Wenden goldgelb braten.
Dazu passen grüner Salat, Kopfsalat, Eisbergsalat.

Tipp: Sonnenblumenkerne und/oder Kürbiskerne zur Masse dazugeben oder die Laibchen außen mit den Kernen bestreuen. Ersetzen Sie die Zucchini ganz oder teilweise durch geraspelte Karotten.

8. SEPTEMBER

Gefüllte Zwiebel mit Pilzmischung VEGAN

Zutaten für 4 Portionen

4 große, weiße Zwiebeln
2 EL Olivenöl
300 g gemischte Pilze
300 ml Gemüsesuppe
40 g Dinkelgrieß
Salz
Pfeffer
Thymian

Den Backofen auf 170 Grad vorheizen.
Zwiebeln schälen, oberes Drittel abschneiden und die Zwiebeln so aushöhlen, dass ein 5 mm dicker Rand bleibt. Die ausgehöhlten Zwiebeln in Salzwasser ca. 8 Minuten blanchieren. Zwiebelinneres fein hacken, in Olivenöl anbraten, gehackte Pilze zugeben und mitrösten.
Die Hälfte der Masse beiseitestellen.
Für die Fülle die andere Hälfte der Masse mit Suppe aufgießen, Grieß einrieseln und unter Rühren einkochen und abschmecken.
Die Zwiebeln in eine feuerfeste, befettete Auflaufform setzen, mit der Fülle füllen und im vorgeheizten Backofen bei 170 Grad ca. 15 Minuten backen. Die gefüllten Zwiebeln mit den warm gestellten Pilzen servieren.

9. SEPTEMBER

Apfelauflauf

Zutaten für 4 Portionen

3 Eier
120 g Rohrzucker
8 g Bourbon-Vanillezucker
1 Prise gemahlener Zimt
1 Prise Salz
100 g Biskuitbrösel oder
zerbröselte Butterkekse
300 g säuerliche Äpfel
Staubzucker (Puderzucker)
zum Bestreuen

Den Backofen auf 160 Grad vorheizen.
Eier mit Zucker, Vanillezucker, Zimt, Salz schaumig rühren,
Biskuitbrösel bzw. Butterkeksbrösel vorsichtig unterziehen. Äpfel schälen,
in dünne Scheiben schneiden. Eine Auflaufform mit Backpapier auslegen,
Boden mit Apfelspalten belegen und die Teigmasse darübergießen.
Im vorgeheizten Backofen bei 160 Grad ca. 40 Minuten backen.
Aus der Form stürzen, Papier vorsichtig abziehen und mit Staubzucker
(Puderzucker) bestreut servieren.

10. SEPTEMBER

Pilzgulasch VEGAN

Zutaten für 4 Portionen

500 g Pilze,
z. B. Steinpilze, Champignons,
Austernpilze etc.
1 Zwiebel
2 Knoblauchzehen
4 EL Rapsöl
Dinkelmehl
1 EL Weingeistessig
250 ml Wasser
1 Suppenwürfel
Petersilie
125 ml pflanzliche Sahne
Salz
Pfeffer
Gemahlener Kümmel
2 EL Liebstöckel

Für das Gulasch Pilze waschen und in Spalten schneiden. Zwiebel und
Knoblauch in feine Würfel schneiden und im Öl anschwitzen, mit etwas
Dinkelmehl bestauben und mit Essig ablöschen. Mit Wasser aufgießen,
Suppenwürfel und Petersilie dazugeben, Sahne einrühren, würzen
und abschmecken.

Tipp: Mit Semmelknödel oder Serviettenknödel (siehe Seite 53)
servieren.

11. SEPTEMBER

Liptauer-Aufstrich

Zutaten für ca. 1 kg Aufstrich

2 Pkg. Frischkäse
2 Pkg. Topfen (Quark)
2 TL edelsüßes Paprikapulver
1 TL Senf
3 klein geschnittene
Essiggurken
Salz

Alle Zutaten cremig rühren. Zu Crackern oder frischem
Schwarzbrot reichen.

Tipp: Probieren Sie den Aufstrich auch einmal mit Kapern
statt Essiggurken.

12. SEPTEMBER

Weintraubenstrudel

Zutaten für 2 Strudel

Für den Strudelteig:
300 g Dinkelmehl
4 EL Rapsöl
125 ml lauwarmes Wasser
1 Prise Salz

Für die Fülle:
300 g Trauben
60 g Dinkelmehl
40 g geriebene Haselnüsse
3 Eier
1 Prise Salz
60 g Rohrzucker
10 g Bourbon-Vanillezucker
Abrieb von 1 Bio-Zitrone
3 EL Rapsöl

Außerdem:
Staubzucker (Puderzucker)
zum Bestreuen
Einige Lavendelblüten zur
Garnitur

Den Backofen auf 180 Grad vorheizen.
Für den Strudelteig Mehl, 3 EL Rapsöl und lauwarmes Wasser und
Salz zu einem Teig verkneten, zu einer Kugel formen, mit 1 EL Rapsöl
bepinseln und 30 Minuten rasten lassen. Für die Fülle die Trauben
abrebeln. Mehl mit Haselnüssen vermischen. Eier trennen. Eigelb, Salz,
Vanillezucker und abgeriebene Zitronenschale 10 Minuten schaumig
schlagen, Rapsöl langsam unter ständigem Rühren einlaufen lassen.
Eiweiß mit Zucker steif schlagen und unter die Mehlmischung ziehen.
Zuletzt die Trauben behutsam untermengen. Strudelteig auf ein
bemehltes Tuch legen, mit Mehl bestreuen und dünn ausrollen und mit
den Händen den Teig dünn ausziehen. Die Fülle darauf verteilen und
mithilfe des Tuches den Strudel einrollen. Teigränder festdrücken. Strudel
auf ein mit Backpapier belegtes Backblech setzen und mit Öl bepinselt
im vorgeheizten Backofen bei 180 Grad ca. 20 Minuten backen. Leicht
auskühlen lassen und mit Staubzucker (Puderzucker) bestreut und mit
Lavendelblüten garniert servieren.

13. SEPTEMBER

Steinpilzcremesuppe  VEGAN

Zutaten für 4 Portionen

400 g Steinpilze
2 TL Zitronensaft
2 Zwiebeln
1 EL Rapsöl
600 ml Gemüsebrühe
100 ml pflanzliche Sahne
Salz
Weißer Pfeffer
2 EL gehackte Petersilie

Pilze putzen, in Scheiben schneiden und mit Zitronensaft beträufeln. Zwiebeln klein würfeln, in Öl glasig dünsten, Pilze zugeben (einige zum Garnieren zur Seite legen), 1 Minute kräftig braten. Mit der Hälfte der Gemüsebrühe ablöschen, 3 Minuten kochen lassen, pürieren und in den Topf zurückgeben, mit restlicher Bouillon auffüllen, Sahne einrühren, salzen, pfeffern und noch 2 Minuten leicht kochen lassen. Suppe in Tellern anrichten und mit Pilzen und Petersilie garnieren.

14. SEPTEMBER

Gebratener Butternusskürbis mit Glasur VEGAN

Zutaten für 4 Portionen

200 g Wildreis
2 Tomaten
1 roter Paprika
1 rote Zwiebel
Olivenöl
Salz
Pfeffer
2 Butternusskürbisse
4 EL Semmelbrösel
(Paniermehl)
2 EL Kristallzucker
1 EL Zitronensaft

Den Backofen auf 180 Grad vorheizen.
Reis weich kochen, abgießen, mit kaltem Wasser übergießen und abtropfen lassen.
Von den Tomaten den Stielansatz entfernen und das Fruchtfleisch in kleine Würfel schneiden. Paprika putzen und klein würfeln, Zwiebel fein hacken. Zwiebel in heißem Olivenöl glasig dünsten, Paprika und Reis zugeben, kurz andünsten und Tomaten untermischen. Mit Salz und Pfeffer abschmecken. Kürbisse putzen, halbieren, Kerne und Fasern entfernen, Reismischung in die Kürbisse füllen. Mit Bröseln (Paniermehl) bestreuen, mit Öl beträufeln. Zucker mit Zitronensaft verrühren und die Kürbisse damit bestreichen. Im vorgeheizten Backofen die Kürbisse bei 180 Grad ca. 40 Minuten backen, dabei immer wieder mit der Zuckerglasur bestreichen.

Spritziger Trauben-Apfel-Smoothie VEGAN

Zutaten für 4 Gläser

3 Äpfel
200 g kernlose Weintrauben
3 Birnen
1 EL Zitronensaft
1 EL Leinöl
100 ml prickelndes
Mineralwasser

Äpfel waschen, entkernen. Weintrauben und Birnen waschen.
Obst mit Zitronensaft, Leinöl und Mineralwasser vermischen,
pürieren und in hohen Gläsern servieren.

Kräutercremesuppe mit Eierschwammerln VEGAN

Zutaten für 4 Portionen

1 Zwiebel
1 Knoblauchzehe
1 EL Rapsöl
Ca. 700 ml Gemüsesuppe
3 – 4 Handvoll gemischte
Wildkräuter, z. B. Löwenzahn,
Hirtentäschel etc.
300 ml pflanzliche Sahne
1 EL Zitronensaft
Salz
Pfeffer
1/2 TL Speisestärke
Etwas Wasser
200 g Eierschwammerln
(Pfifferlinge)
2 EL Sonnenblumenöl

Zwiebel und Knoblauch fein hacken und in heißem Rapsöl glasig braten.
Mit der Suppe aufgießen und ca. 10 Minuten leicht köcheln lassen.
Die Kräuter hacken und einige EL davon beiseitelegen. Die restlichen
Kräuter zur Suppe geben, Sahne dazugeben und alles pürieren.
Zitronensaft unterrühren und mit Salz und Pfeffer abschmecken.
Etwas Speisestärke in Wasser anrühren und unterrühren, aufkochen.
Pilze putzen, in Sonnenblumenöl anbraten, salzen, pfeffern.
Die Suppe in Tellern anrichten, mit Pilzen und restlichen Kräutern
bestreut servieren.

Gemüse aus dem Backofen VEGAN

Zutaten für 4 Portionen

600 g Kartoffeln
4 rote Zwiebeln
4 Knoblauchzehen
10 EL Olivenöl
2 rote Paprika
2 gelbe Paprika
1 Zucchini
1 Aubergine
2 TL Zucker
Saft von 1/2 Bio-Zitrone
1/2 TL edelsüßes
Paprikapulver
5 Rosmarinzweige
5 Zweige Thymian
5 Stängel Oregano
Salz
Pfeffer

Den Backofen auf 180 Grad (Umluft) vorheizen.

Kartoffeln gut waschen und halbieren. Zwiebeln und Knoblauch schälen und beides in Scheiben schneiden. Kartoffeln, Zwiebeln und Knoblauch in einer großen Schüssel mit 4 EL Olivenöl vermischen und auf ein mit Backpapier belegtes Backblech legen, salzen und pfeffern.

Auf mittlerer Schiene insgesamt 50 Minuten braten.

Die Paprika halbieren und in ca. 3 cm breite Streifen schneiden. Zucchini und Aubergine in Scheiben schneiden. Das Gemüse und die Kräuterzweige/-stängel mit 4 EL Olivenöl vermengen und nach 30 Minuten Backzeit auf das Blech zu den Kartoffeln legen.

Die restlichen 2 EL Olivenöl mit Zucker, Zitronensaft und Paprikapulver verrühren und über das Gemüse träufeln. Jetzt alles fertig garen.

Dazu reichen Sie am besten Wildreis und/oder Gurkensalat.

SEPTEMBER

18. SEPTEMBER

Eiernockerl

Zutaten für 4 Portionen

Für den Teig:
400 g Dinkelmehl
60 g Butter
375 ml Milch
3 Eier
Salz
Olivenöl

Für die Eier-Milch-Mischung:
3 Eier
2 EL Milch
Salz
Pfeffer

Außerdem:
2 l Wasser
Olivenöl

Aus den Teigzutaten einen geschmeidigen Teig mit dem Knethaken eines Handmixers rühren. 2 l Wasser in einem großen Topf zum Kochen bringen, salzen, 1 EL Olivenöl dazugeben. Mithilfe eines Nockerlbrettes, Spätzlesiebes oder eines nassen Teelöffels Nockerl formen, in das kochende Salzwasser einlegen, kurz aufkochen und abseihen.
Für die Eier-Milch-Mischung Eier mit Milch versprudeln und würzen. In eine heiße Pfanne 3 EL Olivenöl geben, die Nockerl darin schwenken und die versprudelte Eier-Milch-Mischung über die Nockerl gießen. Unter mehrmaligem Umrühren stocken lassen, gut durchmischen. Mit Salat nach Wahl servieren.

19. SEPTEMBER

10-Minuten-Torte

Zutaten für 1 Torte

2 Packungen Biskotten (Löffelbiskuits)
2 Becher steif geschlagene Schlagsahne
1 Becher cremig gerührter Sauerrahm (saure Sahne)
3 EL Bourbon-Vanillezucker
300 g frische oder Toefkühl-Himbeeren
Kokosette zum Bestreuen

Alle Biskotten (Löffelbiskuits) in 3 bis 4 Stücke brechen und in eine große Schüssel geben, Schlagsahne unterheben, Sauerrahm (saure Sahne) und Zucker zufügen, gut vermengen. Die Hälfte der Masse in eine Tortenform füllen, die Himbeeren auf der Masse verteilen, den Rest der Biskottencreme daraufstreichen. Mit Kokosette bestreuen und über Nacht in den Kühlschrank stellen.

20. SEPTEMBER

Kartoffelsuppe

Zutaten für 4 Portionen

500 g Kartoffeln
5 Karotten
4 EL Olivenöl
1 l Wasser
2 Suppenwürfel
Salz
Pfeffer
1 Prise Muskatnuss

Kartoffeln und Karotten schneiden, in Olivenöl kurz anrösten, mit Wasser bedecken und Suppenwürze zugeben. Zugedeckt 15 Minuten kochen, mit dem Pürierstab pürieren und mit den Gewürzen abschmecken.

Tipp: Je nach Saison können 200 g Eierschwammerl (Pfifferlinge), geröstet in 3 EL Olivenöl und mit gehackter Petersilie bestreut, der Suppe hinzugefügt werden.
Statt Petersilie kann auch mit Majoran gewürzt werden. Sparsam verwenden, sonst schmeckt man dieses Gewürz zu stark heraus.

21. SEPTEMBER

Topfenknödel in Mandelbröseln

Zutaten für 4 Portionen

Für die Knödel:
50 g Butter
50 g Staubzucker
(Puderzucker)
8 g Bourbon-Vanillezucker
1 Prise Salz
500 g Topfen (Quark)
1 Ei
1 Eigelb
50 g geriebene Mandeln
100 g Dinkelgrieß

Für die Mandel-Brösel-Mischung:
120 g Butter
100 g Brösel (Paniermehl)
6 EL gehackte Mandeln

Für die Knödel Butter, Zucker und Salz schaumig rühren, Topfen (Quark) unterrühren, Ei, Eigelb, Mandeln und Grieß ebenfalls zugeben, gut vermischen und 3 Stunden kalt stellen. Kleine Knöderl formen und im kochenden Salzwasser ca. 10 Minuten leicht kochen lassen.
In der Zwischenzeit für die Mandel-Brösel-Mischung die Butter in einer Pfanne schmelzen, Brösel (Paniermehl) und Mandeln zugeben und leicht rösten. Die Knöderl herausheben, abtropfen lassen und in der Mandel-Brösel-Mischung wälzen.

22. SEPTEMBER

Pizzateig

Zutaten für 1 Backblech

Für den Teig:
150 g Tofu
8 EL Sojamilch
5 EL Olivenöl
350 g Dinkelmehl
1 Pkg. Weinsteinbackpulver
1 TL Salz

Außerdem:
Tomatensoße, aus dem Glas
oder selbst gemacht
Gemüse nach Saison zum
Belegen
Veganer Käse zum Bestreuen,
nach Belieben

Den Backofen auf 200 Grad vorheizen.
Für den Teig Tofu zerbröseln und mit Sojamilch und Öl pürieren.
Restliche Zutaten zugeben und alles zu einem glatten Teig verarbeiten.
Teig auf einem mit Backpapier belegten Backblech ausrollen, mit
Tomatensoße bestreichen und belegen. Je nach Saison eignen sich
Tomaten, Paprika, Rucola, Mais, Zucchini, Melanzani, Champignons etc.
Nach Belieben mit veganem Käse bestreuen. Die Pizza im vorgeheizten
Backofen bei 200 Grad ca. 12 bis 15 Minuten backen.

23. SEPTEMBER

Müsliriegel

Zutaten für 1 Backblech

150 g grob gehackte Mandeln
100 g Mandelblättchen
50 g Sesam
1 Prise Salz
100 g getrocknete Marillen
(Aprikosen)
100 g Haferflocken
100 g Hirseflocken
100 g Reisflocken
200 g Rapsöl
150 g Rohrzucker

Den Backofen auf 160 Grad vorheizen.
Alle Zutaten vermengen und mit einem befeuchteten Teigschaber
auf ein mit Backpapier belegtes Backblech streichen. Im vorgeheizten
Backofen bei 160 Grad ca. 20 Minuten backen.
Nach dem Herausnehmen ca. 10 Minuten abkühlen lassen.
Alle Riegel schneiden und dann erst zur Gänze auskühlen lassen,
so sind sie knusprig und fest.

Tipp: Variieren Sie die zugefügten Früchte, probieren Sie – je nach
Saison – Apfelstücke, Heidelbeeren oder Himbeeren. Auch eine
Obstkombination kann verwendet werden.

Kräuter-Gnocchi mit Käsesoße

Zutaten für 4 Portionen

Für die Kräuter-Gnocchi:
1 kg Kartoffeln
250 g Dinkelmehl
3 EL gehackte Petersilie
3 EL gehacktes Basilikum
Salz
Dinkelmehl zum Ausarbeiten

Für die Soße:
250 ml Wasser
150 g Blauschimmelkäse,
z. B. Gorgonzola
1 Suppenwürfel
250 g Sauerrahm (saure Sahne)
3 TL Dinkelmehl

Für die Kräuter-Gnocchi Kartoffeln in einem großen Topf mit Wasser bedecken, zugedeckt zum Kochen bringen, Herd abschalten und auf der heißen Herdplatte noch ca. 15 Minuten weiterkochen. Kartoffeln abseihen, schälen und mit dem Kartoffelstampfer zerdrücken. Dinkelmehl, Kräuter und Salz hinzufügen und alles zu einem glatten Teig verarbeiten. Auf bemehlter Arbeitsfläche den Teig zu einer 2 cm dicken Teigrolle formen, in 1 cm dicke Scheiben schneiden und mit einer bemehlten Gabel etwas flach drücken. Gnocchi in kochendes Wasser legen, Herdplatte abschalten und ca. 5 Minuten ziehen lassen. Abseihen und warm stellen.
Für die Soße das Wasser mit dem in Stücke geschnittenen Käse und dem Suppenwürfel zum Kochen bringen. Mit dem Schneebesen so lange rühren, bis der Käse geschmolzen ist; eventuell Schimmelstücke herausfischen und weggeben. Den Topf von der heißen Platte nehmen. Sauerrahm (saure Sahne) mit Dinkelmehl cremig rühren und zur Soße geben. Unter ständigem Rühren aufkochen und kurz einkochen.
Zu den Gnocchi servieren.
Dazu passt grüner Salat oder Rote-Rüben-Salat (Rote-Bete-Salat).

Asterix-und-Obelix-saft VEGAN

Zutaten für 2 Gläser

250 g Karotten
250 g Birnen
2 EL Sanddornmus
1 Tropfen Rapsöl

Gemüse und Obst entsaften, mit Sanddornmus süßen und mit Rapsöl anreichern, damit fettlösliche Vitamine vom Körper aufgenommen werden können. Wer mag, kann das Ganze auch mit Mineralwasser aufspritzen.

Tipp: Nehmen Sie sich Zeit zum Trinken. Genießen Sie diesen Kräftetrank.

26. SEPTEMBER

Dinkelgrießtaler

Zutaten für ca. 12 Laibchen

1 Zwiebel
Olivenöl
750 ml Wasser
Salz
1 Suppenwürfel
150 g Dinkelgrieß
Rapsöl zum Ausbacken
1 Ei

Zwiebel schälen und klein schneiden. 1 EL Olivenöl in eine heiße Pfanne geben, Zwiebel darin glasig braten und mit Wasser ablöschen. Salz, Suppenwürfel und Dinkelgrieß hinzufügen und unter ständigem Rühren mit dem Schneebesen zum Kochen bringen. Unter Rühren ca. 5 Minuten köcheln lassen. Pfanne von der Kochplatte nehmen und das Ei untermischen.

Aus der Grießmasse ca. 12 Laibchen formen und in heißem Rapsöl auf beiden Seiten braun braten.

Dazu passt ein **Kräuter-Joghurt-Dip** (siehe Seite 164).

27. SEPTEMBER

Wiener Kartoffelsalat VEGAN

Zutaten für 4 Portionen

1,5 kg fest kochende Kartoffeln
Salz
Kümmel im Ganzen

Für die Marinade:
200 ml Gemüsebrühe
80 ml heller Balsamicoessig oder heller Weinessig
1 EL Salz
1 – 2 TL Zucker
1 EL Dijon-Senf
1/2 TL schwarzer Pfeffer
2 mittelgroße rote, gehackte Zwiebeln
80 ml Maiskeimöl oder Rapsöl
Pfeffer

Für die Marinade alle Zutaten bis auf das Öl vermengen.

Die Kartoffeln im Salz-Kümmel-Wasser kochen, schälen und noch heiß in die Marinade schneiden. Locker unterheben und etwa 40 Minuten ziehen lassen. Vor dem Servieren das Öl unterheben und mit Salz und Pfeffer abschmecken.

28. SEPTEMBER

Schokomuffins mit Haselnüssen

Zutaten für ca. 12 Stück

2 Eier
140 g Rohrzucker
120 ml Rapsöl
250 ml Buttermilch
300 g Dinkelmehl
2 TL Weinsteinbackpulver
1 Prise Salz
50 g gemahlene Haselnüsse
50 g geriebene Schokolade
150 g Schokoladenkuvertüre

Den Backofen auf 180 Grad vorheizen.
Eier, Zucker, Öl und Buttermilch 4 Minuten verrühren, Mehl, Backpulver und Salz untermengen. Zum Schluss die Haselnüsse und die Schokolade zugeben. Papierförmchen auf ein Muffinblech setzen, jeweils zu 3/4 mit Teig befüllen, etwa 25 Minuten im vorgeheizten Backofen bei 180 Grad backen. Inzwischen die Schokoladenkuvertüre grob hacken und im Wasserbad schmelzen lassen. Muffins nach dem Backen etwa 5 Minuten ruhen lassen und mit der Schokoladenkuvertüre überziehen.

29. SEPTEMBER

Brokkoli-Sprossen-Thai-Pfanne

Zutaten für 4 Portionen

200 g Sprossen
2 EL Sesamöl
2 EL Sojasoße
1 EL Suppenwürze
1 Brokkoli
350 g dünne Eiernudeln

Sprossen waschen, trocken schleudern und in Sesamöl kurz anbraten, mit Sojasoße übergießen, Suppenwürze zugeben und mit etwas Wasser bedeckt aufkochen. Brokkoliröschen vom Strunk schneiden und zu den Sprossen geben, das Gemüse zugedeckt 5 bis 8 Minuten dünsten.
Die Eiernudeln nach Packungsanleitung kochen und kurz mit dem fertig gegarten Gemüse durchschwenken.

schafskäse in Öl

Zutaten für 4 Portionen

200 g Schafskäse
2 TL rote Pfefferkörner
2 TL grüne Pfefferkörner
1 TL grobes Steinsalz
Einige Chilischoten
60 g Oliven
250 g Sonnenblumenöl oder Olivenöl
Basilikumblätter

Alle Zutaten (außer Käse) mit dem Öl vermischen. Käse in ein Glas legen und so viel Öl angießen, dass der Käse mindestens 2 cm damit bedeckt ist. Vor dem Verzehr mindestens 2 Tage ziehen lassen.

Tipp: Zusätzlich können Sie noch schwarze Pfefferkörner, Rosmarin, Zitronenschale, Bohnenkraut, Thymian oder einige Knoblauchzehen dazugeben. Der Käse ist im Kühlschrank 2 Wochen haltbar. Andere Frischkäse können ebenfalls auf diese Weise eingelegt werden.

Oktober

Der Tipp für den Monat Oktober

Nutzen Sie die Kraft der Zwiebel! Wenn Sie Suppen kochen, dann geben Sie auch eine Zwiebel zu den Suppenzutaten. Auch beim Reiskochen ist die Zwiebel ein willkommener und gesunder Geschmacksbringer.

Gesundheitstipp in der Schnupfenzeit:

Zwiebel-Sirup: 1 Zwiebel klein schneiden und in ein kleines Glas füllen. 3 bis 4 EL Kristallzucker dazugeben, Glas gut schütteln und stehen lassen. Bereits nach 30 Minuten entsteht die Zucker-Zwiebel-Flüssigkeit, die als Mittel zur Immunstärkung zu sich genommen werden kann. Täglich 2 bis 3 TL verzehren.

Inhalieren: 1 Zwiebel schälen, in Würfel schneiden und in 3 l Wasser aufkochen, ein Handtuch über den Kopf geben (NUR Erwachsene, keine Kinder!!!) und die aufsteigenden Dämpfe einatmen.

1. OKTOBER

Steinpilz-Bandnudeln VEGAN

Zutaten für 4 Portionen

400 g Bandnudeln
300 g Steinpilze
2 EL Olivenöl
Salz
Pfeffer
1 EL gehackte Petersilie
Geriebener veganer Käse
zum Bestreuen

Bandnudeln in Salzwasser bissfest kochen.
Steinpilze putzen und in Scheiben schneiden. Pilze in heißem Öl 2 Minuten braten, mit Salz und Pfeffer würzen, mit Petersilie bestreuen. Die abgetropften Bandnudeln mit wenig Nudelwasser mit den Pilzen vermengen. Mit veganem Käse bestreuen.

2. OKTOBER

Kartoffelgulasch

Zutaten für 4 Portionen

750 g Kartoffeln
500 g Karotten
5 EL Olivenöl
4 Zwiebeln
1,5 l Wasser
2 Suppenwürfel
Edelsüßes Paprikapulver
250 g pflanzliche Sahne
3 EL Dinkelmehl
Salz
Majoran
3 Essiggurken

Karotten, Kartoffeln und Zwiebeln schälen und klein schneiden. Einen großen Topf erhitzen, Olivenöl zugeben und das Gemüse darin kurz anbraten. Dann mit 1,5 l Wasser aufgießen, Suppenwürfel und Paprikapulver dazugeben und nach dem ersten Aufkochen zugedeckt auf kleiner Flamme 15 bis 20 Minuten kochen lassen.
Mithilfe einer Schöpfkelle die Hälfte des Karotten-Kartoffel-Gemüses auf einem Teller zur Seite stellen. Die restliche Suppe mit einem Pürierstab pürieren, Sahne mit Dinkelmehl cremig verrühren und zur Suppe geben. Das Gulasch nun unter ständigem Rühren aufkochen, mit Salz und Majoran würzen. Falls das Gulasch zu dick ist, noch etwas Wasser zugeben. Essiggurken fein schneiden, zum Gulasch geben und einmal kurz aufkochen lassen.

3. OKTOBER

Warmes Frühstück

Zutaten für 4 Prtionen

2 Karotten
2 Äpfel
2 TL Apfelsaft
3 EL Hafermilch oder
Dinkelmilch
40 ml heißes Wasser
8 EL Haferflocken
8 EL Dinkelflocken
1 TL Rohrzucker
1 EL gehackte Mandeln,
Cashewkerne und/oder
Kürbiskerne

Karotten schälen und raspeln, Äpfel schälen und reiben.
Hafer- und Dinkelflocken in eine große Schale geben und mit heißem Wasser übergießen, gut durchmischen. Zucker und Hafer- bzw. Dinkelmilch unterziehen, Karotten und Äpfel untermischen.
Auf 4 Schälchen verteilen und mit den gehackten Nüssen bestreut servieren.

4. OKTOBER

Zwiebelsuppe mit Kichererbsen VEGAN

Zutaten für 4 Portionen

600 g gelbe oder
weiße Zwiebeln
1 Knoblauchzehe
4 EL Olivenöl
250 ml Weißwein
1,2 l Gemüsesuppe
1 EL Thymianblätter
250 g Kichererbsen,
aus der Dose
Salz
Pfeffer

Den Backofen auf 180 Grad vorheizen.

Zwiebeln in Scheiben schneiden. Knoblauch fein hacken. 2 EL Öl in einem Topf erhitzen, Zwiebeln und Knoblauch ca. 5 Minuten andünsten, bis die Zwiebeln leicht braun sind. Wein, Suppe und Thymian zugeben, aufkochen und abgedeckt ca. 20 Minuten köcheln lassen.

Nach 10 Minuten die Kichererbsen abspülen, abtropfen lassen und mitgaren. Suppe kräftig mit Salz und Pfeffer würzen.

Tipp: Reichen Sie dazu **Parmesan-Cracker** (siehe Seite 80).

5. OKTOBER

Saftiger Zimt-Zucker-Kuchen mit Eierlikörsahne

Zutaten für 1 Kuchen

Für den Teig:
150 g Dinkelmehl
300 g Rohrzucker
1 TL Weinsteinbackpulver
2 TL gemahlener Ingwer
2 TL Lebkuchengewürz
125 ml Milch
60 ml Rapsöl
1 Ei
6 TL Butterflocken
500 ml kochend
heißes Wasser

Für die Eierlikörsahne:
350 g Schlagsahne
125 ml Eierlikör

Den Backofen auf 200 Grad vorheizen.

Für den Teig eine Backform (24 cm Durchmesser) einfetten und Wasser im Wasserkocher erhitzen. Mehl mit 100 g Zucker, Backpulver, 1 TL Ingwer, 1 TL Lebkuchengewürz, Milch, Öl und Ei verrühren und den Teig in die vorbereitete Form füllen. In einer Schüssel 200 g Zucker mit restlichem Ingwer und Lebkuchengewürz mischen. Diese Masse auf den Teig in der Form geben, die Butter darüberstreuen, das Ganze mit heißem (!) Wasser bedecken. Die Form auf ein Backblech stellen und den Kuchen 30 Minuten backen, herausnehmen, 10 Minuten ruhen lassen und servieren. Die unter dem Kuchen befindliche Soße über den Kuchen löffeln. Für die Eierlikörsahne Sahne und Eierlikör in eine Schüssel geben, beides zusammen mit dem Mixer steif schlagen und in einer Schüssel zu dem Kuchen reichen.

6. OKTOBER

Rote-Rüben-Chips mit Wasabi-Dip VEGAN

Zutaten für 4 Portionen

Für die Chips:
4 gekochte Rote Rüben
(Rote Bete)
100 g Zucker
Etwas Rapsöl zum Einfetten

Für das Limettensalz:
1 Bio-Limette
2 EL Meersalz

Für den Dip:
200 ml pflanzliches Joghurt
1 – 2 EL Wasabipaste
Etwas Zitronensaft
Salz
Zucker

Den Backofen auf 100 Grad Umluft vorheizen.
Für die Chips ein Backblech mit Backpapier belegen, das Papier mit Rapsöl einfetten. Die gekochten Roten Rüben (Rote Bete) schälen (Einweghandschuhe verwenden!), in sehr dünne Scheiben schneiden und auf das Backpapier auflegen. Auf mittlerer Schiene 60 bis 90 Minuten bei 100 Grad Umluft trocknen lassen. Für das Limettensalz die Limette heiß waschen, trocken reiben und dann die Schale fein abreiben. Salz in einer Schüssel mit dem Limetten-Abrieb mischen und beiseitestellen. Für den Dip das Joghurt mit Wasabipaste und Zitronensaft in einer Schüssel cremig rühren und mit Salz und Zucker abschmecken, kalt stellen. Die Chips mit Limettensalz bestreuen und mit Dip servieren.

7. OKTOBER

Apfelspatzen

Zutaten für 4 Portionen

300 g Dinkelmehl
50 g weiche Butter
2 Eier
250 ml Milch
Salz
Äpfel
1/2 TL gemahlener Zimt

Mehl, Butter, Eier und Milch mithilfe eines Knethakens zu einem Nockerlteig verrühren. In einem großen Kochtopf Salzwasser zum Kochen bringen. Den Nockerlteig durch ein Spätzlesieb oder einen Nockerlhobel ins Wasser drücken. Wallend kochen, bis alle Spätzle oben schwimmen. Äpfel schälen, entkernen und in dünne Spalten schneiden, in etwas Wasser weich dünsten und mit Zimt bestreuen.
Äpfel über die Spätzle gießen.

Tomaten-Bulgur

Zutaten für 4 Portionen

1 Knoblauchzehe
250 g passierte Tomaten
1 EL Olivenöl
1 EL Tomatenmark
200 g Bulgur
450 ml Gemüsebrühe
Salz
Pfeffer
1 rote Zwiebel
4 Stängel Petersilie

Knoblauch in Würfel schneiden und 2 Minuten in Olivenöl andünsten, passierte Tomaten und Tomatenmark zugeben, 1 Minute mitdünsten. Bulgur unterrühren, Brühe dazugießen, würzen und 8 bis 10 Minuten köcheln lassen. Zwiebel in Ringe schneiden. Petersilienblätter in Streifen schneiden. Tomaten-Bulgur auf Tellern anrichten und mit Zwiebelringen und Petersilie bestreut servieren.

OKTOBER

9. OKTOBER

Karamellfondue mit Obst

Zutaten für 8 bis 10 Personen

200 g Rohrzucker
30 g pflanzliche Margarine
125 g pflanzliche Sahne
400 g Obst nach Saison
und Belieben

Den Zucker mit der Margarine in einem Topf unter Rühren zum Kochen bringen und so lange rühren, bis sich der Zucker aufgelöst hat.
Sahne langsam unter raschem Rühren zufügen, Topf vom Herd nehmen.
Diese Soße auf kleine Tassen oder Schälchen verteilen.
Obst in mundgerechte Stücke schneiden und Zahnstocher (oder kleine Spießchen) für jede Person dazulegen.

10. OKTOBER

Kürbis-Käsekuchen mit Mandeln

Zutaten für 4 Portionen

Für den Teig:
100 g Dinkelmehl
50 g gemahlene Mandeln
1 EL Kakao
75 g Butter
1 Eigelb
1 Prise Salz
2 EL Rohrzucker

Für den Belag:
400 g Muskatkürbisfleisch
Etwas Wasser
4 Eier
100 g Rohrzucker
1/2 Tl Zimt
100 g Rapsöl
500 g Topfen (Quark)
2 EL Speisestärke

Für die Garnitur:
2 EL Marillenmarmelade
(Aprikosenkonfitüre)
200 g Marzipanrohmasse
Staubzucker (Puderzucker)
50 g gehackte Mandeln
200 g Schlagsahne

Den Backofen auf 180 Grad vorheizen.
Die Teigzutaten rasch zu einem glatten Teig verkneten, in Frischhaltefolie gewickelt für 30 Minuten kalt stellen. Für den Belag das Kürbisfleisch würfeln, mit etwas Wasser ca. 20 Minuten weich köcheln lassen, gut abtropfen und ausdampfen lassen, fein pürieren und erkalten lassen.
Eier, Zucker, Zimt cremig rühren, Rapsöl und Kürbispüree, Topfen (Quark) und Speisestärke zugeben und gut vermengen.
Den Teig auf einer bemehlten Arbeitsfläche ausrollen, eine Springform (24 cm Durchmesser) damit auslegen, die Käse-Kürbis-Masse einfüllen und im vorgeheizten Backofen ca. 1 Stunde bei 180 Grad backen.
Auskühlen lassen und aus der Form lösen.
Für die Garnitur die erwärmte Marmelade auf den Kuchen streichen, Marzipan mit etwas Puderzucker fein ausrollen und auf die Torte legen.
Mit gehackten Mandeln bestreuen und mit steif geschlagener Schlagsahne verzieren.

11. OKTOBER

Warmer Krautsalat

Zutaten für 4 Portionen

1 kleine rote Zwiebel
2 EL Rapsöl
3 TL Kristallzucker
300 ml warmes Wasser
1 EL Weingeistessig
1 Kopf Weißkraut
Gemahlener Kümmel
Meersalz

Die Zwiebel klein hacken und in Rapsöl anrösten, Kristallzucker zugeben und braun rösten (karamellisieren), Wasser und Essig zufügen. Das in dünne Streifen geschnittene Kraut dazugeben, umrühren, Kümmel und Salz unterrühren und zugedeckt weich dünsten. Dazu können gekochte Kartoffeln gereicht werden.

12. OKTOBER

Maroniparfait mit Beeren

Zutaten für 6 bis 8 Portionen

Für das Parfait:
2 Eigelb
50 g Staubzucker
(Puderzucker)
1 EL Vanillezucker
2 EL Rum
250 g Kastanienreis
250 g steif geschlagene
Schlagsahne

Für das Fruchtkompott:
250 g (Tiefkühl-)Beeren
nach Belieben
3 EL Wasser
50 g Zucker
1 TL Maisstärke

Für das Parfait Eigelb, Zucker und Rum schaumig schlagen, Kastanienreis einrühren und zuletzt die Schlagsahne vorsichtig unterheben. Diese Masse in kleine, tiefkühltaugliche Förmchen füllen (oder in eine mit Folie belegte Kastenform geben) und 4 Stunden tiefkühlen. Für das Fruchtkompott die Beeren mit Wasser erhitzen, den Zucker und die Stärke unterrühren, einmal kurz aufkochen lassen. Das Parfait aus den Förmchen (eventuell die Förmchen mit der Unterseite kurz unter heißes Wasser halten) bzw. aus der Kastenform stürzen und mit heißem Kompott anrichten.

13. OKTOBER

Bratäpfel mit Marillenmarmelade VEGAN

Zutaten für 4 Portionen

4 Bratäpfel
4 TL Marillenmarmelade
(Aprikosenkonfitüre)
100 ml Apfelsaft
200 ml Wasser

Den Backofen auf 180 Grad vorheizen.
Apfeldeckel abschneiden, Kerngehäuse aus den Äpfeln ausstechen, je 1 TL Marillenmarmelade (Aprikosenkonfitüre) in jeden Apfel füllen, Deckel aufsetzen. Äpfel in eine Auflaufform setzen, Wasser und Apfelsaft in die Form gießen und ca. 30 Minuten bei 180 Grad braten. Die Äpfel sind fertig, wenn sie leicht aufplatzen.

14. OKTOBER

Rote Kartoffelsuppe VEGAN

Zutaten für 4 Portionen

2 rote Zwiebeln
300 g mehlige Kartoffeln
2 EL Olivenöl
500 ml Gemüsebrühe
300 ml Rote-Rüben-Saft
(Rote-Bete-Saft)
1 Prise geriebene Muskatnuss
Pfeffer
Meersalz
4 EL pflanzliche Sahne

Zwiebeln und Kartoffeln schälen, in grobe Stücke schneiden. In einem Topf das Olivenöl erhitzen, Gemüse darin rundum anbraten, Suppe und Rübensaft (Rote-Bete-Saft) zugeben, aufkochen und 15 Minuten kochen lassen. Die Suppe mit dem Stabmixer pürieren und mit Muskatnuss, Pfeffer und Meersalz abschrecken. Die Suppe in vorgewärmte Schalen füllen und mit Sahne garniert servieren.
Dazu können Crostini gereicht werden.

15. OKTOBER

Maissalat

Zutaten für 4 Portionen

500 g Mais, aus dem Glas
250 g Sauerrahm
(saure Sahne)
250 g Naturjoghurt
Senf
Mayonnaise
Gelbes Currypulver

Den Mais unter fließendem Wasser abspülen.
In einer Salatschüssel den Sauerrahm (saure Sahne), das Joghurt
mit Senf und Mayonnaise cremig verrühren und mit dem Currypulver
abschmecken.
Zuletzt den Mais unterheben.

16. OKTOBER

Feiner Mandel-Stollen

Zutaten für 1 Stollen

Für den Teig:
500 g Dinkelmehl
1 Pkg. Weinsteinbackpulver
125 g Rohrzucker
175 g Butter
250 g Topfen (Quark)
200 g gehackte Mandeln
2 Eier
1 EL Rapsöl
20 g Bourbon-Vanillezucker
Je 1 Prise Muskat, Salz,
Kardamon

Für die Füllung:
200 g geriebene Mandeln
150 g Rohrzucker
1 TL Rosenwasser
7 EL Milch
4 Tropfen Bittermandelöl

Außerdem:
50 g Butter zum Bestreichen
Staubzucker (Puderzucker)

Den Backofen auf 170 Grad vorheizen.
Für den Teig Mehl, Backpulver, Zucker, Butter, Topfen (Quark), Mandeln,
Eier, Öl und Vanillezucker sowie die Gewürze verkneten. Den Teig auf
einer bemehlten Fläche zu einem großen, dicken Rechteck ausrollen.
Die Zutaten für die Füllung gut vermischen und auf den Teig
streichen. Teig aufrollen, in eine Stollenform (ca. 22 bis 25 cm lang,
12 bis 15 cm breit) geben und im vorgeheizten Backofen ca. 60 Minuten
bei 170 Grad backen. Die Butter in einem Topf zerlassen, den Stollen
damit einpinseln und dick mit Puderzucker bestäuben.

Tipp: Lassen Sie den Stollen im Kühlschrank schwitzen! Das ist das
Geheimnis der Sachsen, die ihren Dresdner Stollen nach dem Erkalten
in Frischhaltefolie luftdicht verpacken und kühl bzw. im Kühlschrank
aufbewahren. Dann wird der Stollen nach 2 bis 3 Wochen so richtig
schön saftig!
Zur Abwechslung können Sie auch Marzipanstücke oder
Rosinen/Sultaninen auf der Füllung verteilen.

17. OKTOBER

Krautsuppe

Zutaten für 4 Portionen

400 g Weißkraut
1 kleine Zwiebel
2 Knoblauchzehen
1 – 2 EL Olivenöl
1 l Wasser
1 Suppenwürfel
Salz
Edelsüßes Paprikapulver
Kümmel
Pfeffer
125 g pflanzliche Sahne
2 EL Dinkelmehl

Kraut fein schneiden, salzen und 30 Minuten stehen lassen.
Zwiebel und Knoblauch fein hacken und in Olivenöl anrösten.
Kraut ausdrücken, zum Zwiebel-Knoblauch-Gemisch geben und
mit 500 ml Wasser aufgießen. Suppenwürfel hinzufügen, würzen
und weich dünsten. Sahne mit Mehl verrühren, in 500 ml Wasser
einrühren, zum Kraut geben und aufkochen lassen.
Mit einem Klacks Sahne servieren.

18. OKTOBER

Pappardelle mit Endivien

Zutaten für 4 Portionen

500 g Pappardelle
(= breite Bandnudeln),
ersatzweise Rigatoni
1 großer Endiviensalat,
ersatzweise Friséesalat
1 EL Knoblauchöl
1 TL Chiliflocken
250 ml Weißwein
250 ml Wasser
3 – 4 Stängel Petersilie
Salz
Pfeffer
50 g in Späne gehobelter
Parmesan
1 lange rote Chilischote,
ohne Samen

Die Nudeln in reichlich Salzwasser bissfest kochen.
Endiviensalat in grob geschnittene Streifen schneiden.
Das Öl mit den Chiliflocken heiß werden lassen. Die Endivienstreifen
zufügen und unter Rühren zusammenfallen lassen. Den Wein und das
Wasser dazugießen und das Ganze etwa 6 Minuten einkochen lassen.
Nudeln zu den gegarten Endivienstreifen geben und untermischen,
abschmecken. Zum Servieren mit Petersilie und Parmesan bestreuen
und mit der klein geschnittenen Chilischote garnieren.

Tipp: Knoblauchöl kann man selbst machen.
8 klein geschnittene Knoblauchzehen in 500 ml Olivenöl geben und
48 Stunden ziehen lassen, dann mithilfe eines Trichters abseihen.

OKTOBER

19. OKTOBER

Polentaecken

Zutaten für ca. 20 Stück

200 g Polenta (Maisgrieß)
1 l Wasser
Salz
4 EL geriebener Mozzarella
oder Butterkäse
60 g flüssige Butter oder
Rapsöl
1 Ei

Backofen auf 200 Grad vorheizen.
Polenta (Maisgrieß) in kochendes Salzwasser geben, einkochen und
ca. 20 Minuten auf heißer, bereits abgeschalteter Herdplatte
dünsten. Käse, Butter und Ei untermengen. Die Masse auf ein mit
Backpapier belegtes Backblech streichen und auskühlen lassen.
Quadrate (ca. 4 x 4 cm) schneiden und bei 200 Grad ca. 15 Minuten
im vorgeheizten Backofen backen.
Warm auf Blattsalat anrichten oder als Beilage zu Gemüsegulasch
(siehe Seite 158) reichen.

20. OKTOBER

Zimt-Krokant-Kuchen

Zutaten für 1 Kuchen

Für den Teig:
200 g Sauerrahm
(saure Sahne)
200 g Dinkelmehl
200 g Rohrzucker
2 Eier
1 gehäufter TL Zimt
1 Prise Salz
Bittermandelöl
1 Prise Salz
1/2 Pkg. Weinsteinbackpulver
125 ml Rapsöl

Für den Krokant:
50 g Rohrzucker
50 g gehackte Mandeln

Den Backofen auf 180 Grad vorheizen.
Für den Krokant in einer Pfanne den Zucker langsam bräunen,
bis es nach Karamell duftet, dann die Mandeln zugeben und unter
ständigem Rühren karamellisieren lassen. Erkalten lassen und auf
einem Brett zu kleinen Stücken hacken. Alle Teigzutaten mit dem
Mixer zu einem geschmeidigen Teig verarbeiten. 2/3 des Teiges in
eine mit Rapsöl bepinselte Kastenform füllen, den Krokant gleichmäßig
verteilen, restlichen Teig darauf verteilen und Kastenform leicht
hin- und herrütteln. Im vorgeheizten Backofen bei 180 Grad
ca. 1 Stunde backen.

Tipp: Hölzchenprobe machen: Bleibt Teig am Hölzchen kleben,
noch weitere 10 Minuten backen.

Grießnockerlsuppe

Zutaten für 4 Portionen

Für die klare Suppe:
1 l Wasser
2 – 3 Karotten, im Ganzen
1 Sellerie, im Ganzen
Suppenwürze

Für die Grießnockerl:
180 g Dinkelgrieß
90 ml Rapsöl
1 Prise Salz
2 Eier
1 Prise Muskat

Für die klare Suppe in einem Topf Wasser zum Kochen bringen und das Gemüse 5 Minuten mitkochen. Auf der abgeschalteten, noch heißen Kochplatte weitere 15 Minuten ziehen lassen.

Für die Grießnockerl die Zutaten mit einem Handmixgerät gut verrühren. In einem großen Topf (ca. 3 l) ca. 1 l Salzwasser zum Kochen bringen. Aus dem Teig mit einem kleinen Löffel Nockerl abstechen und formen und vorsichtig ins Wasser geben. Die Nockerl ca. 10 Minuten leicht kochen lassen, dann mit 1 l kaltem Wasser aufgießen, die Herdplatte ausschalten und zugedeckt 10 Minuten ziehen lassen. Danach die Nockerl vorsichtig aus dem Sud auf einen Teller heben und mit klarer Suppe reichen. Nach Belieben mit Schnittlauch bestreuen.

Matzner Lebkuchen

Für den Teig:
4 Eier
400 g Kristallzucker
150 g Honig
15 g Lebkuchengewürz
700 g Roggenmehl, z. B.
Vorschussmehl Type 500 oder
Roggenmehl Type 960 oder
von jeder Sorte je die Hälfte
10 g Natron

Außerdem:
1 Ei zum Bestreichen

Den Backofen auf 190 Grad vorheizen.
Alle Zutaten mithilfe einer Küchenmaschine (Knethaken!) zu einem glatten Teig verarbeiten. (Der Teig kann sofort weiterverarbeitet werden oder auch 1 bis 2 Wochen im Kühlschrank rasten.)
Den Teig nicht zu dünn ausrollen (ca. 4 bis 5 mm dick). Mit beliebigen Formen Kekse ausstechen. Der Teig kann recht fest sein – lassen Sie sich davon nicht abschrecken. Vor dem Backen die Kekse mit verquirltem Ei bestreichen. Im vorgeheizten Backofen bei 190 Grad auf mittlerer Schiene ca. 20 Minuten backen. Nach dem Backen ist der Lebkuchen hart und braucht ca. 1 Woche, bis er weich wird. Um diesen Prozess zu beschleunigen, wird der Lebkuchen mit geviertelten Äpfeln in Keksdosen verwahrt oder in einem feuchten Raum (Keller) gelagert.

Tipps zur Verfeinerung:

Bereiten Sie den Lebkuchenteig 7 bis 10 Tage vor dem Ausrollen/Ausstechen zu, bei max. 10 bis 12 Grad kühl stellen.
Nehmen Sie die 2- bis 3-fache Menge dieses Grundrezepts, denn 5 kg Teig Lebkuchen wird besser als nur 1 kg.
Nach dem Backen geben Sie den Lebkuchen in Dosen mit Äpfeln.
Nicht vor dem Weichwerden in Nylon verpacken!

Gemüse-Spießchen VEGAN

200 g Kohlsprossen
(Rosenkohl)
200 g Karotten
200 g Kohlrabi
Salz
Pfeffer
1 EL Olivenöl
125 ml Gemüsesuppe

Kohlsprossen (Rosenkohl) putzen, eventuell größere halbieren, Karotten und Kohlrabi schälen und in etwa gleich große Stücke schneiden. Gemüsestücke abwechselnd auf Spieße stecken, salzen, pfeffern. Olivenöl erhitzen, Spießchen darin anbraten und mit Suppe ablöschen, einige Minuten darin blanchieren.

24. OKTOBER

Apfeltorte mit Schneehaube

Zutaten für 1 Torte

2 Eier
120 g Butter
140 g Rohrzucker
1 Prise Salz
180 g Dinkelmehl
5 EL geriebene Mandeln
2 – 3 EL Marillenmarmelade
(Aprikosenkonfitüre)
4 Äpfel
Saft von 1/2 Bio-Zitrone

Den Backofen auf 180 Grad vorheizen.

Eier trennen. Eischnee schlagen. Eigelb, Butter, 60 g Rohrzucker und Salz verkneten, Mehl und Mandeln zugeben und glatt verkneten. Teig in Frischhaltefolie wickeln und für 20 Minuten kalt stellen. Den Teig auf einer bemehlten Unterlage zu einem runden Tortenboden ausrollen (ca. 24 cm Durchmesser). Sie können auch den Teig ausrollen und dann die Form mit einer Springform ausstechen. Oder Sie drücken den Teig mit den Fingern auf den Boden der Springform.

Jedenfalls auch mit den Fingern einen kleinen, dicken Rand formen. Die Springform mit dem Teig mit einer Nadel mehrmals anstechen und im Backofen auf der mittleren Schiene bei 180 Grad ca. 10 Minuten hellbraun backen. Herausnehmen, erkalten lassen und mit Marillen-marmelade (Aprikosenkonfitüre) bestreichen.

Äpfel schälen, vierteln, entkernen, in Scheiben schneiden und mit Zitronensaft beträufeln. Die Äpfel auf den Tortenboden setzen.

Für die Schneehaube das steif geschlagene Eiweiß mit 80 g Rohrzucker verrühren und die Masse kuppelartig auf die Äpfel geben.

Auf mittlerer Schiene bei 180 Grad ca. 20 Minuten backen, bis die Schneehaube knusprig ist.

25. OKTOBER

Kichererbsen-Curry-Kaltschale *VEGAN*

Zutaten für 2 Portionen

250 g Kichererbsen,
aus dem Glas
2 Äpfel
Saft von 1 Bio-Zitrone
1 EL Leinöl
1 TL Currypulver
Salz und Pfeffer

Kichererbsen in einem Sieb abbrausen und abtropfen lassen.

Äpfel schälen, entkernen und in kleine Würfel schneiden, mit Zitronensaft beträufeln. Kichererbsen, Äpfel, Leinöl und Currypulver im Mixer zu einer cremigen Masse pürieren, salzen und pfeffern.

Reichen Sie dazu Roggen-Sauerteig-Brotscheiben.

26. OKTOBER

Elsässer Spritzgebäck

Zutaten für ca. 50 Stück

3 Eier
500 g Rohrzucker
1 kg Dinkelmehl
250 g gemahlene Mandeln
500 g Butter
1 Pkg. Weinsteinbackpulver

Den Backofen auf 180 Grad vorheizen.
Alle Zutaten zu einem glatten Teig verarbeiten, in eine Teigspritze füllen und Stäbchen oder andere Formen auf ein mit Backpapier belegtes Backblech spritzen.
Im vorgeheizten Backofen bei 180 Grad einige Minuten backen.

27. OKTOBER

Kürbis-Ravioli mit Salbeibutter

Zutaten für 4 Portionen

Für den Teig:
300 g Dinkelmehl
3 Eier
1 TL Olivenöl
Salz

Für die Füllung:
350 g Kürbisfruchtfleisch
1 Zwiebel
1 Knoblauchzehe
1 EL Olivenöl
4 EL trockener Weißwein
80 ml Gemüsebrühe
50 g geriebener Parmesan
50 g geriebene Mandeln
Pfeffer
Muskat

Für die Salbeibutter:
80 g Butter
3 Stängel Salbei

Für den Teig die Zutaten verkneten, zu einer Kugel formen und zugedeckt 30 Minuten ruhen lassen. Für die Fülle das Kürbisfruchtfleisch sehr klein würfeln. Zwiebel und Knoblauch fein hacken und in einer Pfanne mit 1 EL Olivenöl glasig dünsten. Kürbis zugeben, mitdünsten, Wein und Brühe zugießen und alles bei mittlerer Hitze 5 Minuten köcheln lassen, bis die Flüssigkeit verdampft ist. Parmesan und Mandeln untermischen und mit den Gewürzen abschmecken.
Teig halbieren, beide Hälften auf einer bemehlten Arbeitsfläche dünn ausrollen. Eine Hälfte in 3 cm Abständen mit 1 bis 2 TL Füllung belegen, die zweite Teighälfte darüberlegen, den Teig um die Füllung herum gut festdrücken und mit einem Teigrädchen die Teigtaschen ausschneiden.
Die Ravioli in kochendem Salzwasser 4 bis 5 Minuten garen.
Für die Salbeibutter Salbei abbrausen, trocken tupfen, die Blättchen von den Stielen zupfen. Butter in einer Pfanne zerlassen und die Salbeiblätter einlegen. Die gegarten Ravioli in die Salbeibutter einlegen, schwenken und mit einigen Salbeiblättern dekoriert servieren.

28. OKTOBER

Rotkraut mit Apfelstückchen *VEGAN*

Zutaten für 4 Portionen

1 Kopf Rotkraut, ca. 800 g
Salz
4 EL Rapsöl
1 EL Kristallzucker
325 ml Apfelsaft
Wasser oder Suppe zum
Aufgießen
150 g Äpfel
1 EL Preiselbeerkompott
1 TL Dinkelmehl

Rotkraut waschen und in sehr feine Streifen schneiden, mit Salz und 125 ml Apfelsaft vermengen und einige Stunden marinieren. Rapsöl erhitzen, Zucker einrühren und mit 200 ml Apfelsaft ablösen, Rotkraut einrühren und mit wenig Wasser oder Suppe begießen, zugedeckt kernig kochen. Äpfel schälen, entkernen und reiben. Geriebene Äpfel mit Preiselbeeren einrühren und mitdünsten. Mehl mit etwas Wasser vermengen und einrühren. Dazu passen gekochte Kartoffeln.

29. OKTOBER

Kohlsprossen-Bulgur-Quinoa-Pfanne *VEGAN*

Zutaten für 4 Portionen

500 g Kohlsprossen
(Rosenkohl)
80 g Quinoa
70 g Bulgur
40 g Mandelblättchen
1 gelbe Zwiebel
3 EL Rapsöl
3 TL Currypulver
250 g Sojajoghurt
2 TL Sambal Oelek
(= indonesische Gewürzsoße)
Salz

Bulgur und Quinoa nach Packungsanleitung kochen. In einem großen Topf Salzwasser kochen und die Kohlsprossen (Rosenkohl) ca. 5 Minuten kochen. Vorsichtig in ein Sieb abgießen, abtropfen lassen. Mandeln ohne Fett in einer Pfanne rösten, herausnehmen und beiseitestellen. Zwiebel würfeln. Kohlsprossen (Rosenkohl) halbieren. Öl in einer großen Pfanne erhitzen, Zwiebelwürfel ca. 1 Minute braten, Kohlsprossen (Rosenkohl) zugeben und 4 bis 5 Minuten leicht braten. Curry zugeben, kurz mitrösten, Bulgur-Quinoa-Mischung unterrühren und alles mit Salz würzen. Joghurt nach Belieben mit Sambal Oelek verrühren. Auf Tellern anrichten, mit Mandeln bestreuen und mit Joghurt servieren.

30. OKTOBER

Topfenbällchen

Zutaten für ca. 30 Stück

Für die Bällchen:
250 g Topfen (Quark)
2 Eigelb
1 Ei
1 TL Vanillezucker
1 Prise Salz
40 g sehr weiche Butter
40 g Dinkelmehl
40 g Dinkelgrieß

Alle Zutaten für die Bällchen verrühren und ca. 2 Stunden kalt stellen.
Mit befeuchteten Händen kleine Kugeln formen.
Rapsöl erhitzen, Knödel einlegen und unter Wenden backen. Aus dem Fett heben, auf Küchenpapier abtropfen lassen und mit Staubzucker (Puderzucker) bestreut servieren.

Tipp: Staubzucker (Puderzucker) mit 1 Prise Zimt vermischen und damit bestreuen.

31. OKTOBER

Kürbis-Ingwer-Suppe VEGAN

Zutaten für 4 Portionen

200 g Hokkaido-Kürbis
500 ml Kokosmilch
250 ml Wasser
1/2 TL geriebene Muskatnuss
5 cm klein gehackter Ingwer
1 klein geschnittene
Chilischote
Etwas Zitronensaft
Salz
Zucker

Kürbis gut waschen, in Stücke schneiden, in einen Topf mit Wasser und Kokosmilch geben, Muskat und Ingwer dazufügen und alles weich kochen. Chili und Zitronensaft zugeben und mit dem Stabmixer pürieren. 5 Minuten auf kleiner Flamme köcheln lassen.

November

Der Tipp für den Monat November

Als wirkungsvoll gegen Depressionen in der kalten, trüben Jahreszeit hat sich eine Nackenrolle mit getrockneten Kräutern (Dinkelspelzen und biologische Heilkräuter) erwiesen. Diese Nackenrolle kann man ganz schnell selbst herstellen: Man benötigt einen Baumwollstoff (80 x 50 cm), der zu einem Schlauch zusammengenäht ist. Gefüllt wird er mit 80 Prozent Dinkelspelzen und 20 Prozent Heilkräutern (Melisse, Salbei, Minze, Oregano, Johanniskraut, Frauenmantel, Schafgarbe, Lavendel, Duftgeranien, Thymian). Binden Sie den Stoffschlauch an einem Ende mit einem hübschen Garn ab, füllen Sie die Mischung aus Dinkelspelzen und Kräutern ein und binden Sie das zweite Ende mit dem Garn ab. Fertig!

Dinkel war für die heilige Hildegard von Bingen ein Universalmittel. Sie empfahl es bei allerlei Schmerzen und Beschwerden, bei Nervosität- und bei Schlaflosigkeit.

1. NOVEMBER

Kartoffelknödel

Zutaten für 10 Knödel

750 g mehlige Kartoffeln
2 Eier
200 g Dinkelmehl
Salz

Die Kartoffeln in Salzwasser garen, kalt abspülen und schälen. Mit einem Kartoffelstampfer zerstampfen, die beiden Eier und das Mehl zugeben, salzen und rasch zu einem glatten Teig verarbeiten.
Den Teig in 10 Stücke teilen und zu Knödeln formen. In einem großen Topf ca. 1 l Wasser zum Kochen bringen, salzen, die Knödel vorsichtig einlegen und ca. 10 Minuten siedend kochen lassen.

Tipp: Mit **Kürbisgemüse** (siehe Seite 240) reichen.

2. NOVEMBER

Gratiniertes Gemüse

Zutaten für 4 Portionen

1 kg Kartoffeln
1 kg Karotten
3 EL Olivenöl
500 ml Wasser
1 Suppenwürfel
2 Eier
250 g Sauerrahm
(saure Sahne)
(Tiefkühl-)Kräuter
200 g geriebener Mozzarella
Salz

Den Backofen auf 180 Grad vorheizen.

Die Karotten und Kartoffeln schälen, in einem heißen Topf kurz in Olivenöl anbraten, mit Wasser aufgießen und mit dem Suppenwürfel würzen. Das Gemüse ca. 5 bis 10 Minuten bissfest garen.

Das Gemüse abseihen, wobei der vitaminreiche Sud aufgefangen und für eine Suppe weiterverwendet werden kann. Das Gemüse in eine feuerfeste, mit Backpapier ausgekleidete Form geben. Die beiden Eier mit dem Sauerrahm (saure Sahne), 50 g Mozzarella, Kräutern und Salz vermischen und über das Gemüse gießen. Zum Abschluss den restlichen Mozzarella darüberstreuen und ca. 20 Minuten im vorgeheizten Backofen bei 180 Grad gratinieren.

3. NOVEMBER

Biskotten-Kuppel

Zutaten für 1 Kuppel

5 Eigelb
250 ml Schlagsahne
2 EL Kristallzucker
100 g erweichte Kochschokolade
1 EL Maisstärke
60 ml Rum
60 ml Wasser
3 EL Marillenmarmelade
(Aprikosenkonfitüre)
40 Biskotten (Löffelbiskuits)
3 Eiweiß
80 g Kristallzucker

Den Backofen auf 200 Grad vorheizen.

Eigelb, Sahne, Zucker, Schokolade und Maisstärke verrühren und bei schwacher Hitze, unter ständigem Rühren, zu einer dicklichen Creme rühren. Rum, Wasser und Marmelade verrühren und leicht erwärmen. Biskotten (Löffelbiskuits) in der Rum-Marmeladen-Mischung wenden. Eine Salatschüssel mit den getauchten Biskotten auslegen, abwechselnd Creme und eine Lage Biskotten (Löffelbiskuits) darauf verteilen. Diese Kuppel 2 Stunden kühl ziehen lassen und aus der Form auf ein mit Backpapier ausgelegtes Backblech stürzen. Eiweiß mit Zucker zu festem Schnee schlagen, die Kuppel damit bestreichen und bei 200 Grad im vorgeheizten Backofen 5 Minuten goldgelb backen.

4. NOVEMBER

Französische Zwiebelsuppe

Zutaten für 4 Portionen

650 g Zwiebeln
50 g Butter
2 EL Dinkelmehl
750 ml Gemüsebrühe
100 ml Weißwein
Salz
Pfeffer
Geriebene Muskatnuss
80 g Comté-Käse oder
Bergkäse bzw. anderen
würzigen Käse
1 Baguette-Brötchen

Den Backofen auf 180 Grad vorheizen.

Zwiebeln schälen, der Länge nach halbieren und in feine Streifen schneiden (oder hobeln). Butter in einem Topf erhitzen, Zwiebeln darin unter Rühren ca. 10 Minuten glasig dünsten, Mehl über die Zwiebeln streuen und kurz anschwitzen. Gemüsebrühe und Weißwein zugießen, verrühren, mit Salz, Pfeffer und Muskatnuss würzen.

Suppe ca. 20 Minuten leicht köcheln lassen. Den Käse reiben. Baguette in dünne Scheiben schneiden und im Toaster goldbraun rösten.

Suppe in feuerfesten Tassen anrichten, mit Baguettescheiben belegen, mit Käse bestreuen und die Tassen im Ofen bei 180 Grad 3 bis 4 Minuten überbacken.

5. NOVEMBER

Erkältungstee

Zutaten für 1 Tasse

1 Teil Lindenblüten
1 Teil Mädesüß
1 Teil Holunderblüten

Die getrockneten Kräuter mischen und mit kochendem Wasser übergießen, nach 10 Minuten abseihen und schluckweise genießen.

Tipp: Lindeblütentee ist schweißtreibend, fiebersenkend

6. NOVEMBER

Paris-Brest: ein großes, rundes Eclair

Zutaten für 1 Torte

Für den Teig:
225 ml Wasser
65 g Butter
1 Prise Salz
1 Prise Zucker
125 g Dinkelmehl
4 – 5 Eier
1 verquirltes Ei
2 – 3 EL Mandelblättchen
Staubzucker (Puderzucker)
zum Bestreuen

Für die Vanillecreme:
Mark einer Vanilleschote
500 ml Milch
5 Eigelb
125 g Kristallzucker
45 g Dinkelmehl
100 – 150 ml Schlagsahne
2 – 3 EL Instant-Espressopulver

Den Backofen auf 240 Grad vorheizen.
In einem Topf Wasser, Butter, Salz und Zucker erhitzen, Mehl dazugeben und gut umrühren. Den Teig 3 bis 4 Minuten unter ständigem Rühren weitererhitzen, bis er nicht mehr klebt. Topf von der Herdplatte nehmen. Eier nacheinander unter ständigem Rühren zugeben. Weiterrühren, bis die Masse zu einem zähflüssigen Teig geworden ist. Brandteig als Kreis (ca. 20 cm Durchmesser) auf ein mit Backpapier belegtes Backblech aufbringen. Den Kreis mit verquirltem Ei leicht bestreichen und mit Mandelblättchen bestreuen. Auf mittlerer Schiene in den vorgeheizten Backofen schieben, Backofen sofort ausschalten und 15 Minuten anbacken. Temperatur auf 180 Grad einstellen und weitere 25 Minuten knusprig backen. Herausnehmen und auf einem Kuchengitter auskühlen lassen. Für die Vanillecreme Vanillemark in die Milch geben und bei mittlerer Hitze bis kurz vor dem Siedepunkt erwärmen. Eigelb mit Zucker zu einer sehr cremigen Masse aufschlagen, Mehl vorsichtig unterheben. Die Hälfte der Vanillemilch unter ständigem Rühren unter die Ei-Zucker-Mischung geben. Alles zur restlichen Vanillemilch in den Topf geben und unter ständigem Rühren zum Kochen bringen, 1 Minute kochen lassen. In ein Gefäß geben, ein Backpapier direkt auf die Creme legen und erkalten lassen. Schlagsahne steif schlagen und mit 300 g Vanillecreme vermischen. (Rest anderwertig verwenden.) Die Vanillecreme mit dem Espressopulver verrühren. Das Gebäck quer halbieren, mit der Creme füllen und mit Staubzucker bestreuen. Am besten sofort servieren!

7. NOVEMBER

Mohnschnitten

Zutaten für 1 Kuchen

6 Eier
150 ml Rapsöl
160 g Rohrzucker
200 g gemahlener Mohn
100 g geriebene Mandeln
20 g Dinkelbrösel
Ribiselmarmelade
(Johannisbeerkonfitüre)
zum Bestreichen

Den Backofen auf 180 Grad vorheizen.
Alle Teigzutaten 5 Minuten schaumig schlagen, auf ein mit Backpapier belegtes Backblech streichen und im vorgeheizten Backofen bei 180 Grad ca. 20 Minuten backen. Kuchen auskühlen lassen.
Die Kuchenplatte halbieren, eine Hälfte mit Marmelade bestreichen, mit der zweiten Teigplatte belegen, leicht andrücken. Einige Stunden kühl stellen. Kurz vor dem Servieren in gleich große Stücke schneiden.

8. NOVEMBER

Polentasuppe mit steinpilzen VEGAN

Zutaten für 4 Portionen

1 kleine gelbe Zwiebel
1 Knoblauchzehe
3 EL Olivenöl
800 ml Gemüsesuppe
10 g getrocknete Steinpilze
60 g Polenta (Maisgrieß)
4 getrocknete Tomaten
1/2 Handvoll
Petersilienblätter
Salz
Pfeffer

Zwiebel und Knoblauch fein würfeln, in Olivenöl glasig braten, mit Suppe ablöschen, Steinpilze zugeben, aufkochen, 10 Minuten ziehen lassen. Polenta (Maisgrieß) in einer Pfanne ohne Fett so lange rösten, bis sie zu duften beginnt. Polenta (Maisgrieß) unter ständigem Rühren mit einem Schneebesen in die Suppe einrieseln lassen und 15 Minuten leise köcheln lassen. Dabei gelegentlich umrühren. Salzen und pfeffern. Tomaten in feine Streifen schneiden, Petersilie grob hacken und die Suppe damit bestreuen.

9. NOVEMBER

Karottenmuffins mit Äpfeln

Zutaten für 20 Stück

200 g Karotten
2 Äpfel
Saft von 1/2 Bio-Zitrone
2 Eier
150 g Rohrzucker
100 g Rapsöl
100 g Naturjoghurt
300 g Dinkelmehl
3 TL Weinsteinbackpulver
1 Prise Salz

Backofen auf 180 Grad vorheizen.

Karotten schälen und reiben. Äpfel schälen, Kerngehäuse entfernen und würfeln, mit Zitronensaft beträufeln. Eier in Schüssel geben, verquirlen. Zucker, Öl und Joghurt dazugeben und gut verrühren.

Mehl, Backpulver und Salz mischen und zur Eiermischung geben, gut verrühren. Zum Schluss Karottenraspel und Apfelstückchen zugeben. Papierförmchen in ein Muffinblech setzen und etwa 3/4 hoch befüllen. Im Ofen bei 180 Grad etwa 25 Minuten backen. Aus dem Ofen nehmen und 5 Minuten rasten lassen.

Tipp: Die fertigen Muffins mit Marzipankarotten dekorieren.

10. NOVEMBER

Rote-Rüben-Gemüse VEGAN

Zutaten für 4 Personen

750 g Rote Rüben (Rote Bete)
1 Apfel
30 g Rapsöl
175 ml Wasser oder Rotwein
1/2 TL gemahlener Koriander
Salz
Pfeffer
1 – 2 EL Weingeistessig
oder Balsamicoessig

Rote Rüben (Rote Bete) schälen und in Streifen schneiden. (Einweghandschuhe verwenden!) Apfel schälen und klein würfelig schneiden. Das Öl in einem Topf erhitzen, Rote Rüben (Rote Bete) andünsten und mit Flüssigkeit ablöschen, Apfel und Gewürze zugeben und ca. 30 Minuten garen.

Dazu passen Salzkartoffeln oder Erdäpfelpüree.

Saftiger Topfenstollen

Zutaten für 1 Stollen

75 g Pistazien
150 g Marzipanrohmasse
500 g Dinkelmehl
1 Pkg. Weinsteinbackpulver
1 Prise Salz
125 g Butter
2 Eier
150 g Rohrzucker
250 g Topfen (Quark)
50 g Mandelstifte
100 g Staubzucker
(Puderzucker)
75 g Butter zum Bestreichen

Den Backofen auf 180 Grad vorheizen.
25 g Pistazien hacken und mit dem Marzipan verkneten, zugedeckt kalt stellen. Mehl, Backpulver und Salz mischen. Butter würfeln und mit Eiern, Zucker und Topfen (Quark) mixen. Mehlmischung unterheben und zu einem Teig verkneten. Mandeln und 50 g Pistazien unterkneten. Den Teig ca. 15 Minuten ruhen lassen. Den Teig auf einer bemehlten Arbeitsfläche oval ausrollen, in der Mitte eine längliche Vertiefung eindrücken, Marzipan in der Größe der Vertiefung ausrollen, auf den Teig legen. Teig falten und dabei zum Stollen formen.
Den Stollen auf ein mit Backpapier belegtes Blech legen und auf mittlerer Schiene im vorgeheizten Backofen bei 180 Grad ca. 1 Stunde backen. Dann mit Backpapier abdecken und noch 5 bis 10 Minuten weiterbacken. Die restliche Butter schmelzen und den fertig gebackenen, noch warmen Stollen damit einstreichen, Staubzucker (Puderzucker) aufsieben, erkalten lassen. Eventuell vor dem Servieren nochmals bestäuben.

Knusperbrot

Zutaten für 1 Brotlaib

360 ml Milch
330 g Dinkelmehl
1 Pkg. Weinsteinbackpulver
1 TL Salz
1 Msp. Natron

Den Backofen auf 200 Grad vorheizen.
Die Zutaten zu einem glatten Teig verarbeiten und mit feuchten Händen einen Laib auf einem mit Backpapier belegten Backblech formen. Im vorgeheizten Backofen bei 200 Grad 30 bis 40 Minuten backen, immer wieder mit Wasser bestreichen. Am besten stellen Sie auch während des Backvorgangs eine feuerfeste Schale mit Wasser in den Ofen.

Tipp: Je nach Belieben kann das Brot mit Sonnenblumen-, Kürbiskernen oder gemahlenem Mohn bestreut werden.

13. NOVEMBER

Erbsensuppe mit Blätterteigkissen

Zutaten für 4 Portionen

Für das Blätterteigkissen:
1/2 Rolle fertiger Blätterteig
1 EL Sojamilch
1 TL ganzer Kümmel
1/2 TL Pfefferkörner
6 Mandelkerne

Für die Suppe:
1 Schalotte
1 Knoblauchzehe
3 EL Olivenöl
600 ml Gemüsesuppe
300 g Tiefkühl-Erbsen
Etwas Zitronensaft
Salz
Pfeffer
150 ml Sojamilch

Den Backofen auf 200 Grad Umluft vorheizen.
Für die Blätterteigkissen den Blätterteig auf ein mit Backpapier belegtes Backblech legen und mit einer Gabel mehrfach einstechen. Sojamilch daraufstreichen, Kümmel und Pfeffer im Mörser zerstoßen und darüberstreuen. Mandeln grob hacken und darüberstreuen. Auf mittlerer Schiene ca. 15 Minuten goldbraun backen, abkühlen lassen. In Rechtecke schneiden. Für die Suppe die Schalotte und den Knoblauch fein würfeln. Öl in einem Topf erhitzen, Knoblauch und Schalotte glasig braten, Suppe zugießen, aufkochen lassen. Erbsen zugeben und ca. 7 Minuten stark kochen lassen. Die Suppe mit dem Pürierstab mixen, mit Zitronensaft, Salz und Pfeffer abschmecken. Kurz vor dem Servieren die Sojamilch erwärmen und mit dem Schneebesen aufschäumen. Die Erbsensuppe in Schalen anrichten, Milchschaum daraufgeben und mit den Blätterteigkissen servieren.

14. NOVEMBER

Gebackene Apfelringe

Zutaten für 4 Portionen

2 Eier
12 EL Milch
1 EL Vanillezucker
8 EL Dinkelmehl
8 Äpfel
Rapsöl zum Ausbacken
Staubzucker (Puderzucker)
zum Bestreuen

Eier, Milch, Zucker und Mehl zu einem Teig verrühren. Die Äpfel schälen, entkernen und in Ringe schneiden. Rapsöl in einer Pfanne erhitzen. Die Apfelringe durch den Teig ziehen und in die Pfanne setzen, beidseits goldgelb braten und auf Küchenpapier abtropfen lassen. Mit Staubzucker (Puderzucker) bestreut servieren.

Tipp: Die Apfelringe harmonieren hervorragend mit Vanilleeis oder heißer Vanillesoße!

Haferflocken-Schoko-Bällchen VEGAN

Zutaten für 25 Bällchen

50 g vegane Schokolade
50 g Sonnenblumenöl
150 g Reismalzsirup,
ersatzweise Ahornsirup
60 g Reiscrispies,
ersatzweise Puffreis
30 g Cornflakes
40 g zarte Haferflocken
75 g Sesam

Schokolade mit Sonnenblumenöl in einem Topf bei schwacher Hitze gemeinsam mit dem Sirup schmelzen lassen, Topf vom Herd nehmen, die restlichen Zutaten unterrühren. Dünne Einweghandschuhe anziehen und aus der Masse etwa 25 kleine Kugeln formen. Die Kugeln abgedeckt im Kühlschrank etwa 1 Stunde fest werden lassen. Diese Leckerei ist in der Kälte gut haltbar, so haben Sie einen Vorrat für eine Woche.

Bohnen-Gersten-Suppe VEGAN

Zutaten für 4 Portionen

1 – 2 Pastinaken, ca. 250 g
2 – 3 Karotten, ca. 250 g
1 große Zwiebel
500 g Kartoffeln
1 Bund glatte Petersilie
250 g weiße oder rote
Bohnen, aus dem Glas
125 g Gerste
2 l Gemüsesuppe
1 EL extrafeiner Rohrzucker
Salz
Pfeffer

Pastinaken, Karotten und Zwiebel schälen, in kleine Würfel schneiden und zusammen mit der Petersilie in der Küchenmaschine fein hacken. Kartoffeln schälen, in kleine Würfel schneiden. Das gesamte Gemüse mit den Bohnen und der Gerste in die Gemüsesuppe geben, Zucker einrühren, aufkochen und 2 Stunden leicht köcheln lassen.
Falls die Suppe zu dickflüssig wird, noch mehr Brühe oder Wasser zugeben. Mit Salz und Pfeffer abschmecken.

Topfenauflauf

Zutaten für 4 Portionen

40 g Butter
30 g Rohrzucker
1 EL Vanillezucker
1 Prise Salz
7 Eier
120 g Topfen (Quark)
200 g Sauerrahm
(saure Sahne)
60 g Maisstärkemehl
Staubzucker (Puderzucker)
zum Bestreuen

Den Backofen auf 200 Grad vorheizen.
Eier trennen und Eiweiß zu Schnee schlagen. Butter, Zucker und Salz in einer Küchenmaschine schaumig rühren, Eigelb nach und nach einrühren. Den Topfen (Quark) mit dem Sauerrahm (saure Sahne) und dem Stärkemehl verrühren und unter die Buttermasse mischen. Eischnee unterheben. Die Masse in befettete Förmchen füllen und im Backrohr bei 200 Grad ca. 15 Minuten backen. Dazu passen gut frisches Fruchtmark und – je nach Saison – frische Früchte.

Tipp: Variante als Topfenschmarren
1 Schöpflöffel Masse in eine mit 1 EL Rapsöl befettete Pfanne setzen, auf einer Seite anbraten, mit einer Gabel zerreißen und rundum goldgelb braten. Dazu Preiselbeerkompott oder Marillenmus (Aprikosenbrei) reichen.

NOVEMBER

18. NOVEMBER

Linsensuppe mit Curry-Joghurt VEGAN

Zutaten für 4 Portionen

Für die Suppe:
200 g Linsen
1 gelbe Zwiebel
2 Knoblauchzehen
1 Karotte
1/2 Stange Lauch
3 EL Olivenöl
2 EL Tomatenmark
1 l Gemüsesuppe
Saft einer 1/2 Bio-Zitrone
1 Handvoll Korianderblätter
Currypulver zum Bestreuen
Salz
Pfeffer

Für das Joghurt:
150 g Sojajoghurt, natur
1 – 2 TL Kristallzucker
Saft einer 1/2 Bio-Zitrone
1/2 TL Currypulver
Salz
Pfeffer

Für die Suppe in einem Topf Wasser zum Kochen bringen. Linsen unter fließendem Wasser waschen und 10 Minuten im Kochwasser bissfest kochen, abgießen, mit kaltem Wasser überspülen und abtropfen lassen. Zwiebel, Knoblauch und Karotte fein würfeln, Lauch der Länge nach halbieren und in feine Würfel schneiden. Öl in einem großen Topf erhitzen, Zwiebel und Knoblauch anschwitzen lassen, Karotten- und Lauchwürfel zufügen und kurz mitbraten. Tomatenmark und Linsen einrühren, nach 2 Minuten mit Suppe aufgießen und bei mittlerer Hitze 10 bis 15 Minuten kochen lassen. Mit Salz und Pfeffer abschmecken.
Für das Joghurt alle Zutaten vermengen und abschmecken. Koriander hacken. Suppe in tiefe Teller geben, mit Joghurt und Koriander garnieren, mit Curry bestreut servieren.

19. NOVEMBER

Spritzgebäck.

Zutaten für ca. 25 Stück

300 g Dinkelmehl
200 g Butter
100 g Rohrzucker
1 Ei
8 g Bourbon-Vanillezucker

Den Backofen auf 180 Grad vorheizen.
Alle Zutaten zu einem glatten Teig verkneten und auf ein mit Backpapier belegtes Backblech spritzen. Ca. 10 Minuten bei 180 Grad backen.

Tipp: Verwenden Sie zum Spritzen des Gebäcks – sofern vorhanden – den Fleischwolf Ihrer Küchenmaschine. Es gibt speziell für diese Verwendung verschiedene Aufsätze.

20. NOVEMBER

Mohnschnecken

Zutaten für 20 Stück

Für den Teig:
300 g Dinkelmehl
125 g Rohrzucker
2 Eier
150 g Butter

Für die Mohnfülle:
125 ml Milch
70 g Butter
2 Eier
200 g geriebener Mohn
70 g Rohrzucker

Außerdem:
1 Eiweiß und 2 EL Milch zum
Bestreichen

Den Backofen auf 180 Grad vorheizen.
Für den Teig alle Zutaten gut mithilfe einer Küchenmaschine verkneten.
Für die Mohnfülle die Milch mit der Butter erwärmen, sobald die Butter geschmolzen ist, die verquirlten Eier einrühren und den Zucker mit dem Mohn einrühren. Den Teig ca. 1/2 cm dick ausrollen, die Mohnfülle darauf verteilen, einrollen und die Rolle in 1 cm dicke Scheiben schneiden. Diese Scheiben auf ein mit Backpapier belegtes Backblech legen und mit Eiweißmilch bestreichen.
Im vorgeheizten Backofen bei 180 Grad ca. 10 bis 15 Minuten backen.

---

21. NOVEMBER

Graukäse in Essig und Öl

Zutaten für 4 Portionen

400 g Graukäse,
in 8 Scheiben schneiden,
ersatzweise Bierkäse
1 rote Zwiebel
Schnittlauch zum Bestreuen

Für die Marinade:
Etwas Wasser
4 EL Apfelessig
3 EL Rapsöl
Salz
Pfeffer

Die Zutaten für die Marinade vermengen. Käse auflegen, Zwiebel in Ringe schneiden, über den Käse legen. Die Marinade über den Käse gießen. Mit in Röllchen geschnittenen Schnittlauch bestreut servieren. Dazu passt Schwarzbrot mit Butter.

22. NOVEMBER

Langos

Zutaten für 8 Stück

500 g Dinkelmehl
Salz
1 Ei
2 gekochte, passierte
Kartoffeln
1 Pkg. Weinsteinbackpulver
125 ml Milch
1 EL Rapsöl
Öl zum Ausbacken

Aus den Zutaten einen Teig kneten und Fladen formen,
diese in Öl ausbacken.

Tipp: Dazu passt eine **Knoblauchsoße**
Knoblauch, etwas Paprikapulver, Salz und etwas Wasser verrühren
und mit dieser Masse die Fladen bestreichen.

23. NOVEMBER

Rote-Rüben-Ingwer-Suppe mit Knusperstangen

VEGAN

Zutaten für 4 Portionen

Für die Suppe:
1 kg Rote Rüben (Rote Bete)
1 Schalotte
1 Knoblauchzehe
3 cm frischer Ingwer
2 EL Rapsöl
200 ml Kokosmilch,
4 EL zum Garnieren
1 l Gemüsesuppe
Salz
Pfeffer

Für die Knusperstangen:
1/4 TL Currypulver
Salz
Pfeffer
2 EL Rapsöl
1 TL Tiefkühl-Kräuter
4 Strudelteigblätter
Rapsöl zum Bestreichen
1 TL Sesam

Den Backofen auf 180 Grad vorheizen.

Für die Suppe Rote Rüben (Rote Bete) mit Einweghandschuhen
schälen und schneiden. Schalotte, Knoblauch und Ingwer schälen
und in feine Scheiben schneiden, in einem Topf in Öl glasig braten.
Rote Rüben zufügen, mit Kokosmilch und Suppe aufgießen und die
Rüben auf kleiner Flamme weich kochen. Mit dem Stabmixer pürieren.
Falls die Suppe zu dick ist, fügen Sie noch etwas Wasser zu.
Für die Knusperstangen Curry mit Salz und Pfeffer vermischen.
Rapsöl in einer Pfanne erhitzen und die Kräutermischung 1 Minute
darin schwenken und mit Curry-Mischung würzen. Strudelteigblätter
auf der Arbeitsfläche auflegen, die Kräutermischung darauf verstreichen.
Teig zu kleinen Stangen aufrollen, Stangen auf ein mit Backpapier
belegtes Backblech legen, mit Rapsöl bestreichen und mit Sesam
bestreuen. Auf mittlerer Schiene 10 bis 15 Minuten bei 180 Grad backen.
Suppe in Teller oder Schalen füllen, mit jeweils 1 EL Kokosmilch
garnieren und mit Knusperstangen servieren.

Käsefüßchen

100 g Mehl
1/2 TL Weinsteinbackpulver
50 g Butter
200 g geriebener,
würziger Käse

Den Backofen auf 180 Grad vorheizen.
Alle Zutaten in der Küchenmaschine zu einem glatten Teig verarbeiten, Teig für 15 Minuten in Frischhaltefolie gewickelt in den Kühlschrank legen. Ein Backblech mit Backpapier belegen.
Teig auf bemehlter Arbeitsfläche ca. 1 cm dick ausrollen und mit einer Füßchen-Ausstechform (ersatzweise jede andere Ausstechform) kleine Füßchen ausstechen und auf das Backblech setzen. Teigreste immer wieder zusammenkneten, wieder ausrollen und weiter ausstechen.
Für 10 Minuten bei 180 Grad in den vorgeheizten Backofen schieben.

Tipp: Sie können die Füßchen vor dem Backen noch mit Sesam, Mohn etc. bestreuen. Käsefüßchen sind ein beliebtes Knabbergebäck für zwischendurch oder auf Partys.

25. NOVEMBER

Polenta-Kräuter-Stäbchen

Zutaten für 25 Stück

250 ml Milch
250 ml Gemüsebrühe
70 g Butter
Salz
Geriebene Muskatnuss
150 g Maisgrieß
2 Eigelb
40 g geriebener Parmesan
5 EL gemischte, gehackte
Tiefkühl-Kräuter,
z. B. Petersilie, Rosmarin,
Thymian etc.
Rapsöl zum Braten

Milch, Suppe, Butter, Salz und Muskatnuss aufkochen, Maisgrieß unter ständigem Rühren einrieseln lassen, bei niedriger Hitze 10 bis 15 Minuten quellen lassen, immer wieder umrühren. Masse in eine Schüssel geben und abkühlen lassen. Eigelb, Parmesan und Kräuter zügig unter die Polentamasse (Maisgrießmasse) rühren. Die Masse auf ein mit Backpapier belegtes Backblech streichen (2 cm hoch), abdecken und 2 bis 3 Stunden fest werden lassen. Stäbchen schneiden (ca. 2 x 6 cm) und in heißem Rapsöl rundum braten.

Tipp: Dazu **Knoblauchrahm** reichen.
250 g Sauerrahm (saure Sahne) mit 2 klein gehackten Knoblauchzehen glatt rühren.

26. NOVEMBER

Schöberl-Suppe

Zutaten für 4 Portionen

3 Eier
40 g Butter oder Rapsöl
1 TL Milch
40 g Dinkelmehl
Salz

Den Backofen auf 220 Grad vorheizen.

Eier trennen. Eiweiß zu steifem Schnee schlagen. Butter, Eigelb, Milch und Mehl verrühren und den steifen Schnee vorsichtig unterheben. Die Masse auf ein mit Backpapier belegtes Backblech rechteckig ausstreichen und im vorgeheizten Backrohr bei 220 Grad 8 bis 10 Minuten backen. Nach dem Erkalten werden die Schöberl als kleine Karos ausgeschnitten und als Einlage für **klare Suppen** (siehe Seite 119) verwendet.

Variante Parmesanschöberl: 20 g Parmesan zur Grundmasse geben.

Variante Kräuterschöberl: 2 EL gehackte Kräuter der Grundmasse beimengen, insbesondere – je nach Saison – Petersilie, Kerbel, Estragon und/oder Basilikum.

27. NOVEMBER

Krautfleckerl   VEGAN

Zutaten für 4 Portionen

1 – 1,5 kg Weißkraut
100 g Rapsöl
50 g Rohrzucker
1 EL Weingeistessig
Salz
Pfeffer
Wasser
Suppenwürze
300 g Dinkelfleckerl, alternativ gebrochene Bandnudeln
Olivenöl

Das gewaschene Kraut in feine Streifen schneiden, zuletzt das Wiegemesser einsetzen. Öl in einem großen Topf erhitzen, den Zucker darin bräunen und mit Weingeistessig löschen. Das Kraut dazugeben, salzen, pfeffern und mit 125 ml Wasser aufgießen. Etwas Suppenwürze hinzufügen und zugedeckt 30 Minuten weich dünsten.

In einem Topf ca. 2 l Wasser zum Kochen bringen, salzen, einen Schuss Olivenöl dazugeben und die Teigwaren darin weich kochen. Danach abseihen und unter das Kraut mengen.

Dazu passt grüner Salat.

28. NOVEMBER

Kräutersalz

Zutaten für ca. 240 g Salz

100 g Meersalz
10 g getrocknetes Liebstöckel
30 g Sellerie
50 g Karotten
50 g Peterwurz

Sellerie, Karotten und Peterwurz klein reiben und im Backofen bei 50 Grad – aufgelegt auf Backpapier – 2 bis 3 Stunden bei leicht geöffneter Backofentür trocknen. Am nächsten Tag das getrocknete Gemüse mit dem trockenen Liebstöckel klein mahlen, Salz zugeben und nochmals mahlen.
In kleine Gläser abfüllen und den Geschmack genießen!

29. NOVEMBER

Lebkuchen-Torte mit Eierlikör-Creme

Zutaten für 1 Torte

Für den Lebkuchenteig:
4 Eier
225 g Rohrzucker
1 Prise Salz
2 TL Lebkuchengewürz
325 g gemahlene Mandeln
75 g gehackte Mandeln
8 g Weinsteinbackpulver

Für die Creme:
250 g Mascarpone
250 ml Eierlikör
15 g Bourbon-Vanillezucker
50 g Staubzucker
(Puderzucker)
2 TL Agar-Agar
400 g Schlagsahne

Für die Glasur:
100 g Edelbitterschokolade
100 g Schlagsahne
25 g Butter
24 halbierte Mandelkerne
Kirschen, aus dem Glas

Den Backofen auf 175 Grad vorheizen.
Für den Lebkuchenteig Eier, Zucker, Salz, Lebkuchengewürz 8 Minuten dickschaumig schlagen. Gemahlene Mandeln, gehackte Mandeln und das Backpulver unterheben. Die Hälfte des Teiges in eine mit Backpapier ausgelegte Springform (26 cm Durchmesser) streichen, 25 Minuten im vorgeheizten Backofen bei 175 Grad backen, auskühlen lassen.
Mit dem restlichen Teig genauso verfahren.
Für die Creme Mascarpone, 150 ml Eierlikör, Zucker verrühren, Agar-Agar in 2 EL Creme glatt rühren und unter die Masse mischen, die restlichen 100 ml Eierlikör unterrühren, die Masse kurz kühlen. Sahne steif schlagen und unterheben. Um den ersten Boden einen Tortenring legen, mit der Creme bestreichen, mit dem zweiten Boden bedecken und die Torte 2 Stunden kühlen. Für die Glasur Schokolade mit 100 g Sahne und Butter schmelzen, etwas abkühlen, auf der Torte obenauf verteilen, 4 Stunden kühlen und mit Mandeln und Kirschen garnieren.

Bagels

Zutaten für ca. 8 Bagels

Für den Teig:
280 ml Wasser
1 Pkg. Weinsteinbackpulver
500 g Dinkelmehl
50 g Rohrzucker
50 g Rapsöl
2 TL Salz
10 g Bourbon-Vanillezucker

Außerdem:
Wasser
9 EL Kristallzucker

Den Backofen auf 180 Grad vorheizen.

Alle Zutaten für den Teig gut verkneten, an einem warmen Ort 30 Minuten zugedeckt gehen lassen. Teig nochmals durchkneten und eine Rolle formen, ca. 8 gleich große Stücke abschneiden, eine Kugel formen, flachdrücken und in der Mitte ein Loch machen. Den Bagel so lange um den Finger kreisen, bis das Loch einen Durchmesser von ca. 5 cm hat. 2 l Wasser mit 6 EL Kristallzucker aufkochen, die Bagels etwa 30 Sekunden auf jeder Seite vorsichtig ins köchelnde Wasser legen, herausheben und auf ein mit Backpapier belegtes Backblech legen. Die Bagels mit etwas Wasser bestreichen und im vorgeheizten Rohr bei 180 Grad ca. 20 Minuten backen.

Tipp: Je nach Belieben kann man die Bagels vor dem Backen mit Sesam, Mohn, Sonnenblumenkernen, Haferflocken etc. bestreuen. Wer es lieber süß hat, verwendet zum Bestreuen Kristallzucker und Kokosette.

Dezember

Der Tipp für den Monat Dezember

Barbarazweige ins Wasser stellen!
Schneiden Sie von einem Kirschenbaum einige Zweige ab und stellen Sie sie in eine hübsche Vase mit lauwarmem Wasser. Positionieren Sie diese Barbarazweige an einem warmen Ort im Haus und die Zweige werden zu Weihnachten erblühen.

1. DEZEMBER

Grün gefüllte Ravioli

Zutaten für 4 Portionen

Für den Ravioliteig:
280 g Dinkelmehl
3 Eier
2 EL geschmolzene Butter
1 TL Salz

Für die Fülle:
1 kleine Zwiebel
1 Knoblauchzehe
1 EL Butter
150 g Topfen (Quark), 20 %
1 EL (Tiefkühl-)Petersilie
1 EL (Tiefkühl-)Thymian
Salz
Pfeffer
60 g Butter zum Abschmelzen

Für den Ravioliteig die Zutaten verkneten, 1 Stunde kalt stellen, auf einer bemehlten Arbeitsfläche sehr dünn ausrollen und in ca. 7 x 7 cm große Quadrate schneiden. Für die Fülle Zwiebel und Knoblauch hacken bzw. zerdrücken und in heißer Butter anschwitzen, auskühlen und mit Topfen (Quark), Kräutern und Gewürzen glatt rühren.
Je 1 TL Fülle auf einer Hälfte der Teigquadrate verteilen, zusammenklappen, Ränder fest andrücken und in Salzwasser ca. 3 Minuten bissfest kochen. Abseihen. Butter in einer Pfanne schmelzen und über die Ravioli gießen.

2. DEZEMBER

Lavendel-Schoko-Cookies

Zutaten für ca. 20 Stück

150 g Butter
170 g Staubzucker
(Puderzucker)
2 Eiweiß
200 g Dinkelmehl
50 g gehackte
Bitterschokolade
1 TL getrockneter Lavendel
50 g grob gehackte Mandeln

Den Backofen auf 180 Grad vorheizen.
Butter und Zucker schaumig rühren, Eiweiß einrühren, Mehl, Schokolade, Lavendel und Mandeln untermengen. Kleine Kugeln formen und mit etwas Abstand auf ein mit Backpapier belegtes Backblech setzen und im vorgeheizten Backofen bei 180 Grad ca. 10 Minuten backen.

3. DEZEMBER

Wintersuppe VEGAN

Zutaten für 4 Prtionen

2 kleine Zwiebeln oder
Schalotten
4 Karotten
250 g mehlige Kartoffeln
3 EL Olivenöl
800 ml Gemüsesuppe
Salz
Pfeffer aus der Mühle
1 Prise geriebene Muskatnuss
300 ml pflanzliche Sahne
300 g Tiefkühl-Erbsen
1 EL Tiefkühl-Kräuter,
z. B. Petersilie, Basilikum,
Dill, Schnittlauch etc.
50 g Kürbiskerne
Einige Tropfen Kürbiskernöl

Zwiebeln klein schneiden, Karotten und Kartoffeln grob würfeln.
Zwiebeln in 3 EL Olivenöl anbraten, Kartoffeln kurz mitdünsten, mit Suppe ablöschen, Salz, Pfeffer und Muskat zugeben und zugedeckt 20 Minuten köcheln lassen. Sahne zur Suppe geben, alles fein pürieren. Erbsen zufügen und weitere 2 Minuten leicht köcheln lassen, anschließend die Kräuter unterrühren.
Die Suppe mit Kürbiskernen bestreuen und mit einigen Tropfen Kürbis-kernöl garnieren. Dazu können Sie Vollkornbrot reichen.

4. DEZEMBER

Frühstücksbrioche

Zutaten für 1 Laib

2 Eier
115 g Butter
1 TL Salz
2 – 3 TL Rohrzucker
55 ml Milch
280 g Dinkelmehl
4 TL Weinsteinbackpulver

Den Backofen auf 180 Grad vorheizen.

Alle Zutaten zu einem glatten Teig formen, auf ein mit Backpapier belegtes Backblech einen Laib setzen und im vorgeheizten Backofen bei 180 Grad ca. 30 bis 40 Minuten backen. Während des Backvorgangs sollte eine feuerfeste Schüssel mit Wasser im Backofen stehen.

Tipp: Dieser Briocheteig eignet sich auch hervorragend für den Backautomaten. Beginnen Sie mit den flüssigen Zutaten, fügen Sie dann die festen Zutaten hinzu und wählen Sie ein Kurzprogramm für 750 g Teig.

5. DEZEMBER

Gemüse-Curry VEGAN

Zutaten für 4 Portionen

1 Zwiebel
3 EL Olivenöl
2 gehäufte TL Currypulver
1/2 TL gemahlener Kümmel
2 fein gehackte
Knoblauchzehen
2 klein geschnittene Karotten
400 g gemischtes
Tiefkühl-Gemüse
2 Kartoffeln
Sojasoße
1/2 TL edelsüßes
Paprikapulver
1 TL frisch geriebener Ingwer
Einige EL Wasser
150 ml Kokosmilch
100 ml pflanzliche Sahne
Salz
Pfeffer

Zwiebel fein hacken und in Öl glasig braten, Curry und Kümmel zugeben. Knoblauch, das Gemüse und die würfelig geschnittenen Kartoffeln unter ständigem Rühren zur Gewürzmischung geben und bei voller Hitze ungefähr 3 Minuten lang anrösten. Mit Sojasoße (Menge je nach Geschmack) würzen. Paprikapulver und Ingwer beimengen, mit Wasser und Kokosmilch aufgießen und bei mittlerer Hitze so lange kochen, bis das Gemüse gar ist. Sahne unterrühren, noch einmal kurz aufkochen lassen und mit Salz, Pfeffer und Sojasoße abschmecken.

Tipp: Schmeckt sehr gut mit Basmatireis.

DEZEMBER

Ingwer-Kren-Suppe mit Glasnudeln und Tofu

VEGAN

Zutaten für 4 Portionen

800 ml Gemüsesuppe
4 Zwiebeln
3 cm Ingwer
2 Knoblauchzehen
4 EL Sojasoße
1 EL Kristallzucker
Saft von 1/2 Bio-Zitrone
150 g Kren (Meerrettich)
300 g Tofu, natur
2 EL Sesam
40 g Glasnudeln

Suppe in einem Topf zum Kochen bringen, 2 Zwiebeln schälen und hacken, Ingwer und Knoblauch schälen und in feine Streifen bzw. Scheiben schneiden. Ingwer, Zwiebeln und Knoblauch zur Suppe geben und 5 Minuten leicht kochen lassen. Suppe mit Sojasoße, Zucker und Zitronensaft abschmecken. Kren (Meerrettich) schälen und in schmale Stifte schneiden. Die restlichen Zwiebeln klein hacken, Tofu in 1 cm große Würfel schneiden. Sesam in einer Pfanne ohne Fett anbraten, herausnehmen und in die Suppenteller geben.
Wasser in einem Topf zum Kochen bringen. Glasnudeln in kleinere Stücke brechen, in einer Schüssel mit dem kochendem Wasser übergießen, 1 Minute ziehen lassen, herausnehmen und auf die Teller verteilen. Tofu und Kren (Meerrettich) zur Suppe geben und kurz aufkochen lassen. Die Suppe auf die Teller aufteilen, mit Zwiebeln bestreut servieren.

Pastinaken-Apfel-Gemüse

VEGAN

Zutaten für 4 Portionen

700 g Pastinaken
1 große Zwiebel
2 große Äpfel
2 EL Olivenöl
3 EL Currypulver
Salz
Pfeffer
Einige EL Wasser
Einige EL pflanzliche Sahne

Pastinaken, Zwiebel und Äpfel schälen und klein schneiden, in Olivenöl anbraten und mit Currypulver würzen, salzen und pfeffern und mit Wasser ablöschen. Mit Sahne verfeinern.

Marmorgugelhupf

Zutaten für 1 Gugelhupf

350 ml Sojamilch
175 ml Sonnenblumenöl
5 EL Kartoffelmehl
oder Maismehl
450 g Dinkelmehl
175 g Rohrzucker
1/2 TL Bourbon-Vanillezucker
1 Pkg. Weinsteinbackpulver
1 EL Zitronensaft
4 EL Kakaopulver
Rapsöl zum Bepinseln
der Form
Staubzucker (Puderzucker)
zum Bestreuen

Den Backofen auf 180 Grad vorheizen.

Alle trockenen Zutaten außer dem Kakao gut vermengen. In einem anderen Behälter die Sojamilch mit der Zitrone und dem Öl mischen. Die trockenen Zutaten in die Milch-Mischung mit einem Kochlöffel unterrühren, nicht mixen! Die Hälfte des Teiges mit dem Kakao vermengen. Eine mit Rapsöl bepinselte Gugelhupfform mit der weißen Masse füllen, Kakao-Masse darauf verteilen und mit einer Gabel spiralförmig einmal durch den Teig rundherum ziehen. Den Kuchen 40 bis 45 Minuten backen und mit Staubzucker (Puderzucker) bestreut servieren.

9. DEZEMBER

Eierlikör

Zutaten für ca. 1 Liter

5 Eigelb
200 g Staubzucker
(Puderzucker)
1 Pkg. Vanillezucker
250 ml Schlagsahne
250 ml weißer Rum

Eigelb, Staubzucker (Puderzucker) und Vanillezucker schaumig aufschlagen, im Wasserbad auf ca. 55 Grad erwärmen.
Sahne und Rum vermischen und unter Rühren langsam einfließen lassen. Auskühlen lassen. Likör in eine Flasche füllen und kühl stellen. Der Likör ist ca. 6 Monate haltbar.

10. DEZEMBER

Sellerieschnitzel mit Kartoffelsalat (VEGAN)

Zutaten für 4 Portionen

1 Sellerieknolle
Rapsöl zum Herausbacken

Für die Panade:
Ungesüßte pflanzliche Milch
Dinkelmehl
Dinkelbrösel (Paniermehl)

Für den Salat:
1 kg fest kochende Kartoffeln
2 Schalotten
400 ml Gemüsesuppe
EL Dijon-Senf
3 EL Weißweinessig
Salz
Pfeffer
50 ml trockener Weißwein
1 Bund Schnittlauch
5 EL Distelöl oder Rapsöl
1 Bio-Zitrone

Für den Salat Kartoffeln in Salzwasser geben und zum Kochen bringen. Schalotten schälen, in feine Würfel schneiden und mit der Suppe in einem kleinen Topf aufkochen, Senf, Essig, Salz und Pfeffer unterrühren. Kartoffeln garen, abgießen, schälen und in dünne Scheiben schneiden. In einer Schüssel mit Weißwein begießen und mit der warmen Marinade abmachen und mindestens 30 Minuten ziehen lassen. Währenddessen Sellerie schälen, in ca. 2 cm dicke Scheiben schneiden und in kochendem Wasser ca. 3 Minuten weich kochen. Abgießen, kalt übergießen, trocken tupfen. Für die Panade Milch mit Mehl verrühren, sodass ein flüssiger Teig entsteht. Darin werden die Schnitzel als Erstes gewendet, danach in den Bröseln (Paniermehl) wenden. In heißem Rapsöl werden die Schnitzel beidseits goldbraun gebraten. Schnittlauch in feine Röllchen schneiden und zusammen mit dem Distelöl oder Rapsöl unter den Kartoffelsalat heben. Zitrone in Spalten schneiden und zu den Schnitzeln reichen.

11. DEZEMBER

Knoblauchsuppe

Zutaten für 4 Portionen

4 Knoblauchzehen
3 EL Rapsöl
4 EL Dinkelmehl
1 l Wasser
1 Suppenwürfel
Salz
2 Scheiben Roggenbrot
2 EL Olivenöl

Knoblauch fein zerdrücken, in Rapsöl goldgelb anrösten, Dinkelmehl beifügen und unter Rühren mit kaltem Wasser aufgießen. Suppenwürfel und Salz zugeben und gut verkochen lassen. Die Brotscheiben in schmale Streifen schneiden und in Olivenöl goldgelb rösten. Die Suppe mit den Brotstreifen reichen.

12. DEZEMBER

Schoko-Mascarpone-Torte

Zutaten für 1 Torte

Für den Teig:
4 Eier
150 g Rohrzucker
1 Prise Salz
75 g Dinkelvollkornmehl
110 g Speisestärke
15 g Kakaopulver
1 TL Backpulver

Für die Füllung und den Belag:
500 g Mascarpone
250 g Topfen (Quark)
100 g Vanillejoghurt
10 g Bourbon-Vanillezucker

Den Backofen auf 180 Grad vorheizen.
Eine runde Backform (18 bis 20 cm Durchmesser) mit Rapsöl bepinseln.
Für den Teig alle Zutaten in der Küchenmaschine 4 Minuten schlagen, in die Form füllen und 30 Minuten im Backofen bei 180 Grad backen. Aus der Form stürzen, 2 Mal durchschneiden, erkalten lassen.
Für die Füllung die Zutaten cremig rühren. Die Biskuitteile mit Creme bestreichen, zusammensetzen und die Torte mit der restlichen Creme rundum einstreichen. Im Kühlschrank einige Stunden ziehen lassen.

13. DEZEMBER

Mürbteigkekse

Zutaten für ca. 50 Stück

600 g Dinkelmehl
400 g Butter
200 g Rohrzucker
6 Eigelb

Den Backofen auf 180 Grad vorheizen.
Alle Zutaten gut verkneten und den Teig ca. 1/2 cm dick ausrollen,
nach Belieben Kekse ausstechen. Bei 180 Grad ca. 10 Minuten backen.

Tipps:
Sie können die Kekse mit Marmelade (Konfitüre)
Ihrer Wahl zusammensetzen.
Tauchen Sie die Enden bzw. die Oberfläche in Schokolade.
Die Kekse gelingen auch mit glutenfreiem Mehl!

14. DEZEMBER

Karamell-Cantuccini

Zutaten für ca. 25 Stück

Für den Teig:
260 g Dinkelmehl
1 TL Weinsteinbackpulver
200 g Rohrzucker
8 g Bourbon-Vanillezucker
2 Msp. gemahlener Zimt
2 Msp. gemahlene
Muskatnuss
1 Prise Salz
1 EL Rum
50 g weiche Butter
2 Eier
200 g geschälte, grob
gehackte Mandeln
Für das Karamell:
300 g Kristallzucker

Den Backofen auf 180 Grad vorheizen.
Alle Teigzutaten zu einem glatten Teig verarbeiten und in Folie gewickelt
ca. 1 Stunde kalt stellen. Teig in 4 gleich große Stücke teilen und jeweils
ca. 20 cm lange Rollen formen. Diese Rollen auf ein mit Backpapier
belegtes Backblech setzen und im vorgeheizten Backofen bei 180 Grad
ca. 20 Minuten backen, 10 Minuten abkühlen lassen. Mit einem
Sägemesser in ca. 1 cm breite Scheiben schneiden, diese wieder auf das
Backblech legen und weitere 5 Minuten backen. Abkühlen lassen.
Für das Karamell Kristallzucker in einer großen Pfanne schmelzen, von
der Herdplatte nehmen und mit einem Löffel den karamellisierten Zucker
locker über die Cantuccini spinnen.

15. DEZEMBER

Mohnnudeln

Zutaten für 4 Portionen

250 g Topfen (Quark), 20 %
60 g Butter oder Rapsöl
Etwas Salz
1 Ei
1 Eigelb
60 g Dinkelgrieß
100 g Mehl

Außerdem:

30 g Staubzucker
(Puderzucker)
Etwas Butter
Gemahlener Mohn
zum Bestreuen

Die Zutaten vermischen, 6 Stunden (oder über Nacht) rasten lassen und auf einer bemehlten Arbeitsfläche zu Nudeln formen. Salzwasser aufkochen, die Nudeln einlegen, Topf sofort zur Seite ziehen und zugedeckt 10 Minuten ziehen lassen. Die Nudeln mit einem Lochschöpfer herausnehmen und in einer Pfanne in Butter schwenken und mit Mohn bestreuen. Mit Zucker bestreut servieren.

Tipp: Dazu schmeckt Fruchtkompott nach Belieben hervorragend.

16. DEZEMBER

Asiatische Kokos-Gemüsesuppe VEGAN

Zutaten für 4 Portionen

300 g Karotten
200 g Champignons
2 Zwiebeln
1 – 2 Knoblauchzehen
2 EL Rapsöl
400 ml Kokosmilch
500 ml Gemüsebrühe
1 TL Ingwerpulver
1 EL Sojasoße
1 TL Sojaöl
1 – 2 TL Kurkuma
1 TL Currypulver
1 Stängel Zitronengras
4 EL gehackte Erdnüsse

Gemüse, Zwiebeln und Knoblauch klein schneiden, in Rapsöl anbraten, mit Kokosmilch und Gemüsebrühe ablöschen, Gewürze zugeben, 10 bis 15 Minuten köcheln lassen. Zum Schluss Nüsse zugeben, Zitronengrasstängel entfernen und servieren.

17. DEZEMBER

Zitronen-Shortbreads

Zutaten für ca. 25 Stück

80 g Rohrzucker
140 g Butter
200 g Dinkelmehl
Schale von 2 Bio-Zitronen
1 TL Salz
Staubzucker (Puderzucker)
zum Bestreuen

Den Backofen auf 150 Grad (Umluft) vorheizen.

Zucker und Butter in einer Schüssel verkneten. Mehl mit dem Abrieb der Zitronen mischen, salzen und langsam unter die Butter-Zucker-Masse mischen, bis ein geschmeidiger Teig entsteht. Eventuell etwas Wasser zugeben. 30 Minuten kalt stellen.

Teig auf einer bemehlten Arbeitsfläche 1 cm dick ausrollen, Rechtecke von 7 x 3 cm ausschneiden, mehrmals anstechen und auf einem mit Backpapier belegten Backblech ca. 30 Minuten backen. Noch heiß mit Staubzucker (Puderzucker) bestreuen.

18. DEZEMBER

Rote-Rüben-Schoko-Muffins

Zutaten für ca. 30 Stück

300 g Rote Rüben (Rote Bete)
3 Eier
5 EL Honig
2 EL Kakaopulver
1 Prise Pfeffer
250 g dunkle Schokolade
100 g Kokosöl
1 TL Backpulver
100 g geriebene Haselnüsse
Einige grob gehackte
Haselnüsse
3 EL Dinkelmehl

Den Backofen auf 180 Grad vorheizen.

Rote Rüben (Rote Bete) kochen, mit Einweghandschuhen schälen und mit dem Pürierstab pürieren. Zu diesem Püree Eier, Honig, Kakaopulver und Pfeffer zugeben. 150 g der Schokolade mit dem Kokosöl erwärmen und schmelzen lassen. 100 g der Schokolade grob hacken.

Die flüssige Schokolade zur Rote-Rüben-Paste (Rote-Bete-Paste) geben, Backpulver, Nüsse und Mehl unterrühren, zuletzt die Schokostückchen unterheben. Die Masse in befettete Muffinförmchen verteilen und im vorgeheizten Backofen bei 180 Grad 25 bis 30 Minuten backen.

Nach 30 Minuten aus dem Backofen nehmen und auskühlen lassen. Erst danach aus den Förmchen geben.

19. DEZEMBER

Rahmsuppe

Zutaten für 4 Portionen

500 ml Wasser
Salz
1 EL ganzer Kümmel
30 g Dinkelmehl
500 ml Sauerrahm
(saure Sahne)
1 TL Weingeistessig

Gesalzenes Wasser mit Kümmel 2 Minuten kochen und dann den Topf vom Herd nehmen. Das Mehl mit dem Sauerrahm (saure Sahne) glatt rühren und in das nicht mehr kochende Wasser einrühren. Die Suppe unter ständigem Rühren mit dem Schneebesen aufkochen, ca. 5 Minuten kochen lassen und mit Essig abschmecken. Dazu passen gut geröstete Schwarzbrotcroûtons.

20. DEZEMBER

Gebackene Gemüse-Käse-Palatschinken

Zutaten für 8 bis 10 Stück

Für die Palatschinken:
250 ml Milch
100 g Dinkelmehl
Salz
2 Eier
2 EL Rapsöl zum Ausbacken

Für die Gemüse-Fülle:
100 g in Scheiben geschnittene Champignons
3 geraspelte Karotten
2 EL (Tiefkühl-)Petersilie
150 g würziger, würfelig geschnittener Käse

Für die Panade:
Dinkelmehl
2 Eier
Semmelbrösel (Paniermehl)

Außerdem:
Rapsöl zum Ausbacken

Für die Palatschinken (Pfannkuchen) alle Zutaten gut verrühren und in heißem Öl 8 bis 10 Stück braten. Alle Zutaten für die Gemüse-Fülle gut verrühren und die Palatschinken damit belegen, gut einrollen. Für die Panade die eingerollten Palatschinken in Mehl, dann in den verrührten Eiern und zuletzt in den Bröseln (Paniermehl) wenden. In einer großen Pfanne mit 1 cm hohem Rapsöl rundum goldgelb braten.

Karottenburger

Zutaten für 4 Portionen

50 g Haferflocken
45 g Dinkelgrieß
30 g Dinkelflocken
und/oder Cornflakes
40 g geschälte und fein
geraspelte Karotten
Liebstöckel, Oregano,
Petersilie, getrocknet oder
tiefgekühlt
1 Ei
250 ml kochendes Wasser
Rapsöl zum Ausbacken

Das kochende Wasser über die restlichen Zutaten gießen, vermengen und 15 Minuten quellen lassen. Mit befeuchteten Händen 10 bis 12 Burger formen und in heißem Rapsöl auf beiden Seiten goldgelb backen.

Tipp: Probieren Sie Gemüseburger mit verschiedenen Gemüseresten aus. Wichtig sind Ei, Flocken und Grieß zur Bindung. Veganer verwenden statt dem Ei einige EL pflanzliche Sahne verrührt mit 1 bis 2 TL Mehl.

Kürbisgemüse

Zutaten für 4 Portionen

1 Hokaido-Kürbis
3 EL Olivenöl
1 – 2 Suppenwürfel
250 g Sauerrahm
(saure Sahne)
3 EL Dinkelmehl
Getrockneter Dill
Wasser

Den Kürbis schälen und klein schneiden. In einen heißen Topf Olivenöl geben und den Kürbis hinzufügen, kurz anbraten und mit ca. 250 ml Wasser ablöschen. Suppenwürfel dazugeben und 5 bis 10 Minuten leicht kochen lassen. Topf vom Herd nehmen und in das nicht mehr kochende Gemüse den halben Sauerrahm (saure Sahne) einrühren. Restlichen Sauerrahm (saure Sahne) mit Dinkelmehl gut vermengen und auch zum Gemüse geben. Unter ständigem Rühren das Gemüse wieder zum Kochen bringen, kurz – bis es eindickt – kochen lassen, Dill zugeben.

Tipp: Mit **Salzkartoffeln** (Kartoffeln in gut gesalzenem Wasser kochen, danach schälen) oder **Kartoffelknödeln** (siehe Seite 207) servieren.

Weihnachtliches Vanilleparfait

Zutaten

Für die weiße Creme:
1 Eigelb
2 Eier
100 g Kristallzucker
1 EL Zimt
400 ml Schlagsahne

Für das Vanilleparfait:
6 Eigelb
80 g Kristallzucker
Mark von 1 Vanilleschote
4 EL Vanillelikör
400 ml Schlagsahne

Außerdem:
Schokostreusel
Schokofrüchte
Vanilleschoten

Für die weiße Creme die Eier trennen, die 3 Eigelb mit der Hälfte des Zuckers weißschaumig schlagen, Zimt unterrühren. Eiweiß mit restlichem Zucker zu weiß glänzendem Schnee schlagen. Schlagsahne steif schlagen und mit Eischnee unter die Eigelbmasse heben.
2/3 der Creme in eine mit Folie ausgelegte Form füllen und in den Gefrierschrank stellen. Für das Vanilleparfait Eigelb mit Zucker, Vanillemark und Likör 10 Minuten schlagen, bis eine helle, cremige Masse entsteht. Schlagsahne steif schlagen, unter die Masse heben und auf die weiße Parfaitmasse streichen. Restliche Sahne-Parfait-Masse darübergeben und abgedeckt 8 Stunden ins Tiefkühlfach stellen.
Zum Servieren auf eine Platte stürzen, Folie abziehen, mit Schokostreusel dekorieren. Das Parfait in Scheiben schneiden, mit Schokofrüchten und Vanilleschoten garnieren.

24. DEZEMBER

Mandelpudding VEGAN

Zutaten

450 ml Sojamilch
100 g Mandelmehl
1 EL Kristallzucker

Zutaten zu einer glatten Masse verrühren. Sollte die Masse zu dünn sein, so gibt man noch etwas Mandelmehl dazu, bis die Konsistenz passt. Den Pudding kalt stellen und eisgekühlt servieren.

25. DEZEMBER

Bûche de Noël – Französischer Weihnachtskuchen

Zutaten für 1 Kuchen

Für den Teig:
6 Eier
150 g feiner Rohrzucker
10 g Bourbon-Vanillezucker
30 g Kakaopulver

Für die Fülle und den Überzug:
175 g Bitterschokolade
250 g Staubzucker (Puderzucker)
225 g weiche Butter
15 g Bourbon-Vanillezucker
3 – 5 TL Staubzucker (Puderzucker) zum Bestreuen

Den Backofen auf 180 Grad vorheizen.
Ein Backblech mit erhöhtem Rand mit Backpapier belegen.
Für den Teig Eier trennen. Das Eiweiß zu einem dicken Schaum schlagen, 50 g Zucker einrühren. In einer Schüssel das Eigelb mit dem restlichen Zucker, Vanillezucker und Kakao schlagen. Die Eigelbmasse anfangs löffelweise, dann in größeren Portionen in die Eischneemasse unterziehen. Den Teig auf dem Backpapier verstreichen und 20 Minuten bei 180 Grad backen, kurz abkühlen lassen, dann die Biskuitplatte auf ein feuchtes Geschirrtuch stürzen. Das Backpapier abziehen, das Biskuit locker einrollen. Für die Fülle die Schokolade im Wasserbad schmelzen, abkühlen lassen. Butter mit Staubzucker (Puderzucker) schaumig rühren, Vanillezucker und Schokolade zugeben, alles glatt rühren.
Die erkaltete Biskuitrolle aus dem Geschirrtuch rollen, einen Teil der Creme darauf dünn verstreichen und die Platte von einer Schmalseite (vom Körper weg) zur anderen Schmalseite fest aufrollen. Ein Rollenende schräg abschneiden. Mit dem abgeschnittenen Biskuitrest »Aststümpfe« auf diesen »Baumkuchen« modellieren. Das ganze Gebilde mit Schokoladecreme überziehen, auch an den Enden. Sie können auch Furchen in Längsrichtung ziehen, eben eine Baumrinde nachahmen, an den Enden ziehen Sie »Jahresringe«.

26. DEZEMBER

Dinkelweckerl

Zutaten für 6 Weckerl

300 g Dinkelmehl
250 ml prickelndes
Mineralwasser
1 TL Brotgewürz
1 TL Salz

Den Backofen auf 200 Grad vorheizen.

Alle Zutaten vermengen, 6 kleine Häufchen auf ein mit Backpapier belegtes Backblech setzen und 25 Minuten im vorgeheizten Backofen bei 200 Grad backen.

Tipp: Vor dem Backen die Weckerl mit Körnern bestreuen (geriebener Mohn, Kürbiskerne, Sesam etc.).

27. DEZEMBER

Schweizer Käsefondue

Zutaten für 4 Personen

600 g geriebener bzw.
gehackter Käse, am besten
eine Mischung aus
Greyerzer, Emmentaler,
Brie und Camembert
300 ml Weißwein
2 TL Speisestärke
3 EL Kirschwasser
1 geschälte Knoblauchzehe
Reichlich frisch
gemahlener Pfeffer
Reichlich frisch
geriebene Muskatnuss

Zum Anrichten:
Karottenstifte
Geröstete Brotwürfel
Geschnittenes Toastbrot
Oder was Sie sonst gerne
in die Käsemasse tauchen
möchten

Käse mit dem Wein im Fonduetopf erhitzen, bis die Masse brodelt und der Käse geschmolzen ist. Hitze reduzieren, die Masse soll leicht weiter kochen. Speisestärke im Kirschwasser auflösen und zur Käsemasse gießen, geschälten und zerdrückten Knoblauch zugeben. Käsefondue mit Pfeffer und Muskatnuss abschmecken, gut durchrühren und den Topf auf dem Rechaud auf den Tisch stellen.

Brotstücke, Gemüse usw. auf einer Gabel gespießt in die Käsemasse tauchen und genießen.

28. DEZEMBER

Kartoffellaibchen mit Salbei

Zutaten für 4 Portionen

800 g mehlige Kartoffeln
100 g Dinkelmehl,
nach Bedarf mehr Mehl
1 Ei
Salz
Pfeffer
1 Prise geriebene Muskatnuss
6 Salbeizweige bzw.
getrockneter Salbei
Olivenöl
Rapsöl zum Herausbacken

Den Backofen auf 200 Grad vorheizen.
Kartoffeln in der Schale kochen, schälen, pressen, abdampfen und auf der Arbeitsfläche auskühlen lassen. Mehl, Salz, Pfeffer und Muskatnuss über die Kartoffelmasse geben und miteinander vermengen. Das Ei mit dem Salbei untermischen (bei frischem Salbei diesen in Streifen schneiden). Wenn die Masse noch nicht fest genug ist, noch mehr Mehl nach Bedarf zugeben. Mit bemehlten Händen eine lange Rolle formen, 2 cm dicke Scheiben abschneiden, Laibchen formen und in heißem Rapsöl goldgelb backen.

Tipp: Kann als Beilage, z. B. zu **Kürbisgemüse** (siehe Seite 240) oder als Hauptspeise mit einem **Kräuter-Dip** (siehe Seite 14) gegessen werden.

29. DEZEMBER

Käferbohnentopf mit Thymian-Ciabatta VEGAN

Zutaten für 4 Portionen

1 rote Zwiebel
1 EL Olivenöl
1 EL Estragonsenf
1 EL Tomatenmark
1/2 TL Worcestersoße
300 ml Tomatensoße,
aus dem Glas
250 g Käferbohnen,
aus dem Glas/der Dose
Salz
4 Scheiben Ciabatta-Brot
1 TL getrockneter Thymian
1 EL Olivenöl

Zwiebel hacken und in Olivenöl anschwitzen, Senf, Tomatenmark und Worcestersoße dazugeben, umrühren und mit Tomatensoße ablöschen, einkochen lassen. Bohnen abbrausen, abtropfen lassen und zugeben, ca. 6 Minuten kochen, mit Salz abschmecken.
Ciabatta-Brotscheiben mit Thymian belegen, in heißem Olivenöl anbraten und zum Bohnentopf servieren.

Tipp: Statt Käferbohnen können auch rote und/oder weiße Bohnen verwendet werden.

30. DEZEMBER

Kohlrouladen

Zutaten für 4 Portionen

8 Kohlblätter
1 Zwiebel
4 Karotten
1 EL Olivenöl
200 g Reis
500 ml Wasser
Salz
3 EL gehackte Mandeln
3 Knoblauchzehen
Pfeffer
500 ml Gemüsebrühe
oder Kokosmilch

Den Backofen auf 180 Grad vorheizen.
Kohlblätter in kochendem Wasser 2 Minuten kochen, herausheben und unter kaltem Wasser kurz abschrecken. Zwiebel und Karotten klein schneiden, in einem großen Topf mit 1 EL Olivenöl anbraten, Reis zugeben und mit ca. 500 ml Wasser und 1 TL Salz aufkochen lassen. Zudecken und ca. 30 Minuten garen. Im Anschluss die Mandeln mit dem gehackten Knoblauch und 1 Prise Salz und Pfeffer daruntermischen. Den Brei auf den Kohlblättern verteilen, die Blätter aufrollen und mit einem Küchengarn zubinden. Die Rouladen in eine feuerfeste Form legen, Gemüsebrühe oder Kokosmilch darübergießen und ohne Deckel im vorgeheizten Backofen bei 180 Grad ca. 20 Minuten backen

31. DEZEMBER

Mais-Paprika-Suppe

Zutaten für 4 Portionen

250 g Maiskörner aus dem Glas/der Dose
250 g rote Bohnen aus dem Glas/der Dose
5 EL rote Linsen
5 EL edelsüßes Paprikapulver
1 TL gemahlener Kümmel
1 TL gemahlener Rosmarin
1 TL Majoran
2 EL Olivenöl
500 ml Gemüsesuppe
250 ml pflanzliche Sahne

Maiskörner, Bohnen und Linsen in einem Sieb abtropfen lassen, unter fließendem Wasser abspülen, abtropfen lassen und in einen großen Topf geben. Die Gewürze gemeinsam mit dem Olivenöl zugeben und alles kurz scharf anbraten, mit Gemüsesuppe aufgießen und zugedeckt ca. 10 Minuten köcheln lassen. Topf vom Herd nehmen, etwas abkühlen lassen und Sahne unterrühren. Suppe nochmals aufkochen und auf die Seite stellen. Dazu reichen Sie am besten ein frisches Baguette.

Register

Suppen

Polentasuppe 25
Bunte Gemüsesuppe 48
Brokkoli-Basilikum-Cremesuppe
mit Parmesantalern 49
Gemüsesuppe mit Dinkelknöderln 54
Gemüsesuppe mit Eistich 57
Limetten-Kartoffel-Suppe 61
Kräutersuppe 63
Petersilienschaumsuppe 65
Petersiliencremesuppe 68
Sellerieschaumsuppe 71
Basensuppe zum Entschlacken 75
Cremige Selleriesuppe mit Croûtons 82
Spargelcremesuppe 88
Basilikum-Buttermilch-Suppe 92
Fenchelcremesuppe mit Kräutersticks 108
Tomatensuppe 125
Italienische Minestrone 137
Karottensuppe 167
Steinpilzcremesuppe 175
Kräutercremesuppe mit Eierschwammerln 176
Kartoffelsuppe 179
Zwiebelsuppe mit Kichererbsen 189
Rote Kartoffelsuppe 194
Krautsuppe 197
Grießnockerlsuppe 199
Kürbis-Ingwer-Suppe 205
Französische Zwiebelsuppe 209
Polentasuppe mit Steinpilzen 211
Erbsensuppe mit Blätterteigkissen 215
Bohnen-Gersten-Suppe 216
Linsensuppe mit Curry-Joghurt 218
Rote-Rüben-Ingwer-Suppe
mit Knusperstangen 220
Schöberl-Suppe 223
Wintersuppe 228
Ingwer-Kren-Suppe mit
Glasnudeln und Tofu 230
Knoblauchsuppe 233
Asiatische Kokos-Gemüsesuppe 236
Rahmsuppe 238
Mais-Paprika-Suppe 245

Salate

Linsen-Apfel-Salat 42
Chinakohl-Apfel-Salat 44
Bunter Salat mit Gänseblümchen 60
Frühlingssalat 67
Quinoa-Salat 69
Französischer Baguettesalat 70
Sojabohnensalat 74
Panzanella – italienischer Brotsalat 77
Salatkreationen 84
Spinatsalat mit Granatapfel 85
Feta auf Blattsalaten 87
Reis-Rucola-Karotten-Salat 90
Kapernsalat 93
Mozzarella mit scharfer Petersiliensoße 94
Warmer Spargelsalat mit Belugalinsen 97
Fisolen-Oliven-Eissalat 104
Fenchelsalat mit Orangen 105
Lauwarmer Gnocchi-Salat 109
Rucola-Salat mit Himbeerdressing 116
Griechischer Salat 122
Mediterraner Salat 128
Nudelsalat 130

Florida-Salat mit Mozzarella 133
Grüner Salat mit Caesars Dressing 137
Rucola-Tomaten-Salat mit Granaspänen 139
Kartoffel-Fisolen-Salat mit
Joghurt-Mayonnaise 141
Bunter Kichererbsensalat 159
Wiener Kartoffelsalat 183
Warmer Krautsalat 193
Maissalat 196

Gemüse- und Kartoffelgerichte

Brokkoli mit Senf-Kapern-Soße 8
Kartoffel-Bratlinge mit Wirsing 9
Kartoffel-Reis-Kroketten 16
Linsenbraten 17
Kartoffelpüree mit gebratenen Pilzen 18
Sojabohnen-Eintopf 22
Indischer Spinat mit Tofuwürfeln 28
Sauerkraut mit Rosmarinkartoffeln 30
Karotten-Sellerie-Bolognese 30
Sauerkraut-Laibchen 32
Rote Linsen mit Kartoffeln 33
Sellerie-Süßkartoffel-Püree 34
Tomatenknödel 48
Spargel mit gebackenen Estragon-Soufflés 50
Kartoffel-Blini mit Basilikumsoße und Salat 64
Brokkolilaibchen 68
Knusprige Zwiebelringe 89
Ofengemüse mit Halloumi 92
Kohlrabi-Karotten-Gemüse mit Quinoa 97
Kartoffelgratin 103
Rotes Linsenmus und Rucola-Erdbeer-Salat 113
Gebackene Zucchiniblüten 113
Kartoffel-Pfanne mit Gemüse 114
Gurkensoße 118
Gemüsestrudel 124
Gemüselaibchen 129
Gefüllte Tomaten mit Oliven 131
Gefüllte Zucchini 134
Tabbouleh mit Quinoa 144
Gemüsepfanne mit Schafskäse 145
Dillfisolen 149
Gemüseeintopf mit Aioli-Baguette 151
Kartoffel-Karotten-Brokkoli-Pfanne 154
Asiatischer Gemüsetopf mit Reis 156
Gemüsegulasch 158
Vegetarisches Moussaka 160
Mangold-Topfen-Laibchen mit Kräuterdip 164
Gemüse-Curry 169
Gemüse in Bierteig mit Schnittlauchsoße 170
Kartoffelpuffer mit Zucchini 171
Gefüllte Zwiebel mit Pilzmischung 171
Gebratener Butternusskürbis mit Glasur 175
Gemüse aus dem Backofen 177
Kräuter-Gnocchi mit Käsesoße 182
Brokkoli-Sprossen-Thai-Pfanne 184
Kartoffelgulasch 188
Tomaten-Bulgur 191
Gemüse-Spießchen 200
Rotkraut mit Apfelstückchen 204
Kohlsprossen-Bulgur-Quinoa-Pfanne 204
Kartoffelknödel 207
Rote-Rüben-Gemüse 212
Gemüse-Curry 229
Pastinaken-Apfel-Gemüse 230
Sellerieschnitzel mit Kartoffelsalat 232
Karottenburger 239
Kürbisgemüse 240
Kartoffellaibchen mit Salbei 244

Käferbohnentopf mit Thymian-Ciabatta 244
Kohlrouladen 245

Pasta- und Reisgerichte

Bandnudeln mit Gorgonzola-Soße 10
Buntes Risotto mit schwarzen Oliven 16
Spaghetti mit Knoblauch und Oliven 24
Tomaten-Risotto mit Mozzarella 27
Kärntner Kasnudeln 36
Soba-Nudeln 38
Tagliatelle mit Brokkolisoße 45
Rucola-Risotto 53
Käsespätzle 54
Brennnessel-Risotto 60
Spaghetti mit Austernpilzen 62
Farfalle mit Käsesoße 62
Orientalische Reispfanne 65
Farfalle mit Bärlauch-Pesto 74
Lasagne 78
Spaghetti in Mandelsoße 88
Asia-Nudeln mit Gemüse 93
Pasta mit Safransoße 100
Spaghetti mit Kräuterpesto 102
Gemüselasagne 112
Schmetterlingsnudeln mit Spinatsoße 133
Orientalische Spaghetti 148
Brokkoli-Nudeln 153
Linguine mit Zitrone, Thymian und Pilzen 156
Reisrösti mit Tomaten-Spinat 161
Gebratener Reis 170
Steinpilz-Bandnudeln 187
Pappardelle mit Endivien 197
Kürbis-Ravioli mit Salbeibutter 202
Krautfleckerl 223
Grün gefüllte Ravioli 227

Aufläufe und Pikantes

Quesadillas – gebratene Käsetortillas 7
Reisauflauf 9
Quiche Lorraine 13
Polentaknödel 13
Frittata mit Karotten 14
Gebratene Polentataler 18
Hirseauflauf 32
Spinat-Tortillas mit Feta-Creme 39
Gebackener Ziegenkäse 41
Couscous aus 1001 Nacht 44
Halloumi-Happen 50
Gegrillte Quesadillas 52
Serviettenknödel mit Kräutersoße 53
Lauchkuchen mit Schafskäse 56
Fleischloses Gulasch 58
Maisfladen mit Avocado-Creme 69
Mozzarellasticks mit Kräutern 76
Mini-Quiches mit Spargel 90
Basilikum-Ricotta-Omelett 110
Polentaknödel mit Gurkensoße 121
Kartoffel-Zucchini-Auflauf 127
Topfen-Beeren-Auflauf 132
Karfiol-Gratin 142
Flammkuchen mit Tomaten
und Champignons 142
Spinat-Tarte 147
Pfifferlings-Quiche 150
Pilzomelett 152
Gegrillte Käsebrote mit Apfel-Kohl-Salat 157
Überbackener Blumenkohl 162
Pilzschmarren mit Kressedip 165

246

Käse-Polenta-Pizzen	168
Apfelauflauf	172
Pilzgulasch	172
Eiernockerl	178
Pizzateig	180
Dinkelgrießtaler	183
Polentaecken	198
Gratiniertes Gemüse	208
Topfenauflauf	217
Polenta-Kräuter-Stäbchen	222
Gebackene Gemüse-Käse-Palatschinken	238
Schweizer Käsefondue	242

Süße Hauptgerichte

Kaiserschmarren	21
Süße Topfen-Haferflocken-Laibchen	28
Crumble mit Äpfeln	56
Topfennockerl	72
Schupfnudeln mit Kirschen	81
Topfennudeln mit Mohn	83
Backofen-Pfannkuchen mit Johannisbeeren	89
Erdbeer-Taschen	120
Marillenknödel	134
Brombeeren mit Haferflockenkruste	148
Beeren-Crumble	158
Topfenknödel in Mandelbröseln	179
Apfelspatzen	190
Karamellfondue mit Obst	192
Mohnnudeln	236

Torten

Kirsch-Nuss-Torte mit Eierlikör	8
Prinzregenten-Torte	20
Linzer Torte	61
Kirsch-Mascarpone-Torte	96
Eistorte mit Beeren	101
Erdbeer-Mandel-Baiser-Torte	102
Himbeertorte	116
Eiskaffee-Torte mit Himbeeren	153
10-Minuten-Torte	178
Apfeltorte mit Schneehaube	201
Biskotten-Kuppel	208
Paris-Brest: ein großes, rundes Eclair	210
Lebkuchen-Torte mit Eierlikör-Creme	224
Schoko-Mascarpone-Torte	233

Kuchen, Schnitten und Muffins

Schoko-Brownies ohne Mehl	10
Milchkuchen	12
Schokomousse-Törtchen	12
Kräutermuffins mit Frischkäsefüllung	23
Espresso-Schnitten	25
Marillen-Golatschen	34
Süße Krapferl	39
Marzipan-Mohn-Gugelhupf	40
Giotto-Schnitten	45
Mandel-Muffins	47
Nest-Schokokuchen	57
Biskuit-Topfen-Türmchen	75
Rhabarber-Vanillekuchen mit Schneehaube	80
Himbeerkuchen	81
Spargel-Muffins	105
Käsekuchen vom Blech	140
Marillenkuchen	144
Heidelbeerkuchen	164
Weintraubenstrudel	174
Schokomuffins mit Haselnüssen	184

Saftiger Zimt-Zucker-Kuchen mit Eierlikörsahne	189
Kürbis-Käsekuchen mit Mandeln	192
Feiner Mandel-Stollen	196
Zimt-Krokant-Kuchen	198
Matzner Lebkuchen	200
Mohnschnitten	211
Karottenmuffins mit Äpfeln	212
Saftiger Topfenstollen	214
Marmorgugelhupf	231
Rote-Rüben-Schoko-Muffins	237
Bûche de Noël – Französischer Weihnachtskuchen	241

Kekse, Brot und Gebäck

Spritz-Ringe	22
Financiers	35
Schoko-Küsschen	38
Dinkel-Hirse-Vollkornbrot	49
Macarons	52
Kaffeecreme-Eclairs	85
Bananen-Kokos-Cookies	94
Nerven-Kekse	168
Müsliriegel	180
Elsässer Spritzgebäck	202
Knusperbrot	214
Haferflocken-Schoko-Bällchen	216
Spritzgebäck	218
Mohnschnecken	219
Käsefüßchen	222
Bagels	225
Lavendel-Schoko-Cookies	228
Frühstücksbrioche	229
Mürbteigkekse	234
Karamell-Cantuccini	234
Zitronen-Shortbreads	237
Dinkelweckerl	242

Eis und Desserts

Palatschinken	15
Tiramisu	17
Salzburger Nockerl	23
Schokoladen-Tascherl	24
Safran-Panna cotta mit Mango	29
Crêpes Suzette – französische Orangenpfannkuchen	33
Dirndl-Ecken	36
Buttermilch-Pancakes	42
Rhabarber-Kompott	70
Marzipan-Obst	76
Gebackener Schoko-Milchreis	78
Eiscreme mit Joghurt und Erdbeeren	96
Buchteln mit Vanillesoße	98
Topfencreme im Apfel	104
Holunderblüten-Schöberl	110
Erdbeereis am Stiel	112
Schokomousse mit Erdbeeren	117
Erdbeer-Rhabarber-Terrine	118
Eiscreme mit Rhabarber und Vanille	121
Beerentraum mit Vanille-Pudding	122
Obstsalat mit Vanillejoghurt	145
Kokoseis	157
Maroniparfait mit Beeren	193
Bratäpfel mit Marillenmarmelade	194
Topfenbällchen	205
Gebackene Apfelringe	215
Weihnachtliches Vanilleparfait	240
Mandelpudding	241

Saftiges

Grüner Smoothie	58
Weißkohlsaft mit Apfel und Karotte	64
Holundersirup, selbst gemacht	95
Himbeersaft	107
Himbeeressig homemade	120
Himbeer-Shake	128
Kräuterlimonade	136
Marillen-Lassi	138
Rosmarinessig	140
Melonen-Bowle	150
Grüner Smoothie	162
Spritziger Trauben-Apfel-Smoothie	176
Asterix-und-Obelix-Saft	182
Erkältungstee	210
Eierlikör	232

Snacks, Aufstriche und Dips

Aufstrichvariationen	14
Apfel-Curry-Dip	20
Frühstücks-Müsli – schnell gemacht	40
Mediterrane Hummus-Vorspeise	55
Eiaufstrich	72
Parmesan-Cracker mit Kräutercreme	80
Koriander-Bruschetta mit Chili	82
Gorgonzola-Ricotta-Aufstrich	84
Sandwich mit Radicchio und Ei	98
Kräuteraufstrich	100
Räuchertofu-Aufstrich	101
Schnelle Pizzabrote – kinderleicht!	108
Kerniger Tomatenaufstrich	109
Tomatenbrötchen mit Rucola	114
Kräuter-Soße	117
Karotten-Mozzarella-Wrap	119
Crostini mit Brokkoli und Mozzarella	124
Happy Toasts	125
Hummus mit rotem Paprika	129
Paprika-Tramezzini	130
Gemüsekipferl	132
Aufgerolltes Feta-Knoblauchbrot mit Radicchio	136
Garten-Mäderl	138
Pfirsichmarmelade	141
Avocadodip mit Chips und Gemüsesticks	149
Zucchini-Chutney	152
Fruchtige Marmeladen	154
Guacamole	160
Mexikanisches Rührei	161
Tzatzikimousse	165
Liptauer-Aufstrich	174
Schafskäse in Öl	185
Warmes Frühstück	188
Rote-Rüben-Chips mit Wasabi-Dip	190
Kichererbsen-Curry-Kaltschale	201
Graukäse in Essig und Öl	219
Langos	220
Kräutersalz	224

■ = vegan

247

Heide Steigenberger

Die gesunde Vorratskammer

Natürlich eingekocht, eingelegt und haltbar gemacht

128 Seiten, farbig, Hardcover
ISBN 978-3-7088-0579-5
EUR 14,99

Julia Manhardt, Eva Manhardt

Vegane Aufstriche, Dips und Soßen

96 Seiten, farbig, Softcover mit Klappen
ISBN 978-3-7088-0620-4
EUR 12,99

Ulli Goschler

Grünes Eiweiß

60 vegane und vegetarische Rezepte
mit Hülsenfrüchten, Pilzen, Getreide und Nüssen

132 Seiten, farbig, Hardcover
ISBN 978-3-7088-0593-1
EUR 17,99

Elisabeth Fischer, Irene Kührer

Soja

120 vegane und vegetarische Rezepte
mit Tofu, Sojacreme & Co.

168 Seiten, farbig, Hardcover
ISBN 978-3-7088-0616-7
EUR 17,99